여자 마흔,
버려야 할 것과 시작해야 할 것

여자 마흔,

버려야 할 것과

시작해야 할 것

정고영

포르*체

여자 마흔, 버려야 할 것과 시작해야 할 것

많은 사람들이 방향을 잃고 서성이게 하는 마흔이라는 나이는 무엇을 의미할까? 마흔 살이라는 나이를 인정하기 싫은 나머지 '마음만은 영원히 서른일곱 살'이라고 우기곤 했던 때가 떠오르면 옅은 웃음이 나온다. 나의 세월은 흘러 벌써 마흔을 훌쩍 넘기고 쉰을 바라본다.

어느 날 퇴근 길, 우연히 마주친 이웃집 여성은 남편과 통화 중이었다. 그녀는 집으로 올 시간이 지났는데 뭘 하느라 아직도 도착하지 않았으며, 저녁은 언제 차려줄 거냐는 남편의 말에 격분해 있었다. 무거운 고통이 느껴지는 그녀의 발걸음마다 가족이라는 울타리 안에서 오랫동안 일해 온 '기능인'의 고단함이 묻어났다.

20년 이상 가족을 돌보는 게 본인의 의무이며 책임이라고 여기고, 한결같이 집을 지켜온 인경 씨는 자신은 잘하는 게 아무것도 없고 나가서 돈 벌 재주도 없으니 집에서 가족을 돌보고 살림을 하는 게 당연하다면서 스스로를 한없이 낮추어 말했다. 그랬던 그녀가 '나'를 찾기 시작하면서부터는 편안하고 자신감 넘치는 모습으로 이렇게 말하곤 한다. "이제 쉬고 싶어요. 혼자 여행을 다녀올까 해요. 그동안 잘했든 못했든 애써온 나를 인정해주고 싶어요. 남들에게 '엄마라는 사람이, 집에서 살림한다는 여자가 어떻게 저럴 수 있어.'라는 소리를 듣지 않으려고 무던히 노력해 왔잖아요. 남들 눈에 어찌 보이던 이게 나라는 것을 인정하려고요. 아직 무엇부터 해야 할지는 모르겠지만, 혼자만의 시간을 만들고 싶어요."

우리에게는 엄마, 아내, 그리고 '나이든 어른'이기 이전에 '한 사람'으로서의 감정이 있고 욕구가 있다. 끊임없이 꿈틀거리는 욕망과 드러내어 펼치고 싶은 꿈도 있다. 엄마와 아내가 되었으니 혹은 마흔을 넘었으니 이제는 스스로를 감추고 살라며 자아 실현의 욕망을 통제하고 억누르는 것이 과연 옳은 일일까? 나보다 누구의 엄마, 아내, 어른으로 살아가는 삶이 익숙해지면 나의 개성은 그만큼 줄어들게 마련이다. 나라는 존재가 조금씩 희미해지다가, 결국 빛나는 나의 모습은 사진으로만 추억할 수 있는 것이 되어버린다.

인생은 하나의 흐름을 타는 것이고, 롤러코스터처럼 끊임없이 오르내림을 반복하면서 우리는 성장한다. 인생의 전환기 마흔을 어떻게 보내느냐에 따라 내리막이었던 길은 오르막길로, 혹은 오르막이었던 길도 내리막길로 바뀔 수 있다. 다만 당장은 큰 그림이 보이지 않아서 절망스럽고 불안할 수밖에 없다. 나는 오히려 이러한 위기감과 불안을 좋은 징조라고 본다. 지금까지의 삶을 돌아보라는 신호로 받아들이면 새로운 세팅의 기회가 생긴다.

이 책은 마흔 살을 넘기면서 직접 겪었던 심리적인 변화들과 삶의 문제들, 그리고 상담자로서 현장에서 만난 마흔 여성들의 삶을 통해 얻은 배움과 지혜를 담았다. 흔히들 '중년의 위기'라 치부하거나 이제 별 볼일 없이 하향하는 삶이라고 보는 사회적 편견을 깨고 싶었고, 심리학적 지식을 빌려 보다 긍정적인 관점에서 마흔을 바라보고 희망으로 매일을 살아가는 용기를 만들어내고자 했다. 그러기 위해서 마흔의 여성들이 반드시 재고해보고 과감하게 버려야 할 것과 시작해야 하는 것을 하나씩 살펴보았다. 원래 성격이 이래서, 잘하는 게 없어서, 해보지 않아서, 젊지 않아서, 주부라서, 여자라서, 엄마라서 등등 스스로를 능력 없고 저무는 존재로 규정함으로써 자신을 가두었던 올가미들이 보인다면, 이제 함께 떠나보자.

"충분히 흔들리자. 상한 영혼이여. 충분히 흔들리며 고통에게로

가자....(중략)....영원한 눈물은 없느니라. 영원한 비탄은 없느니라. 캄캄한 밤이라도 하늘아래선 마주 잡을 손 하나 오고 있거니"

고정희 시인의 시 〈상한 영혼을 위하여〉의 일부이다. 이 책이 흔들리고 있는 누군가에게 마주 잡고 싶은 손 하나가 될 수 있기를 희망한다.

2019년 8월

정교영

차례

1부

여자 마흔, 버려야 할 것

1장 '희생'의 마법에서 빠져나올 것

가끔은 단순한 것에서 답을 찾는 경우도 있다.
삶이 단순해질 때 마음은 훨씬 여유로워 진다.

마음속 편견이라는 잡초를 뽑아라

재능보다 용기의 중요성을 강조한 작가 메리앤 윌리엄슨 Marianne Wiliamson은 "우리는 능력이 부족한 것을 두려워하는 게 아니다. 스스로 상상할 수도 없을 만큼 능력이 출중한 것을 가장 두려워한다. 우리는 어둠이 아니라 빛을 무서워한다. '내가 너무 똑똑하고, 근사하고, 능력이 넘치고, 눈이 부시면 어떻게 하지?'라고 걱정한다. 그러면 안 될 이유가 없는데도 말이다. 남들이 위축감을 느끼지 않도록 한 걸음 뒤로 물러난다는 이야기는 전혀 감동적이지 않다. 몇몇 소수가 아니라 우리 모두에게 해당되는 말이다. 우리 스스로 환한 빛을 드러내 보일 때 다른 사람들도 그렇게 할 수 있다. 우리 스스로 두려움에서 해방될 때 남들도 해방시킬 수 있다."고 말했다.

특히 마흔에는 자신의 강점이나 가치를 모르고 있거나, 잘못하고 실수할까 두려워하는 이들도 많지만, 스스로의 강점을 알고 있음에도 불구하고 더 넘어서지 않고 적당한 선을 유지하려는 여성도 많다. 혹시 내가 잘 나가면, 아이들에게 소홀해지고 남편이 기죽을까 하는 마음, 이 정도보다 잘 나가서 무얼 하나 하는 회의감 때문이다. 이것은 연륜에서 오는 겸손으로 잘도 포장되는, 자신의 가치를 폄하하는 일이다. 예전에는 여자가 손재주가 좋거나 능력이 너무 많으면, 남자가 밖에서 제구실을 못한다는 말을 들었다. 주목받는 것을 두려워하도록 키워진 셈이다.

어렸을 때 당시 고모는 오랫동안 한복에 수를 놓는 일을 하셨는데, 그녀를 가리켜 어른들이 했던 말이 기억난다. 고모는 한때 일거리가 많이 들어와서 쉴 틈이 없을 정도로 잘 나갔었고, 고모부의 벌이는 크지 않았다. 고모부가 자주 술을 마시고, 고모에게 폭력을 휘두를 때마다 어른들은 고모부를 탓하면서도, 여자가 능력 좋고 벌이가 좋으니 남자가 기죽어서 그렇다는 식으로 말을 돌렸다. 여자가 집안일을 돌보지 못했다는 비난도 면치 못했고, 결국 여자는 기가 세면 안 된다는 식으로 결론지어졌다. 지금 생각해도 말도 안 되는 헛소리로 들린다. 그러나 안타까운 것은 여자는 이래야 하고, 저러면 안 된다는 식의 이야기들은 인정할 수 없지만, 가부장적 사회를 살아온 우리 무의식에 이러한 통념이 잔재해 있다는 사실은 인정할 수밖에 없다는 것이다. 그런 고정관념 속에 키워진 여성들은 나도 모르게 '성공하고 싶으면서도 성공하면 안 돼.'라는 양가적 태도를 가진다. 아니면 성공한 커리어 우먼이면서 동시에 현모양처인, 한마디로 집에서도 밖에서도 완벽한 슈퍼우먼이 되고자 할 수도 있다.

성 고정관념이란 성별에 따라 사회에서 기대하는 성역할이나 특성으로, 이래야 적절하다고 믿고 있는 일반적인 관념을 말한다. 겉으로 드러난 성차별 문제에는 예민하게 반응하고 쉽게 분노하면서도, 정작 일상 속에서 무의식적으로 작동하는 성 고정관념의 영향은 의식하지 못하는 경우가 대부분이다. 성 고정관념은 단순히 성에 따라 기대되는 성 역할뿐만 아니라 그 사람의 가치관, 생각, 태도, 행동, 감정, 욕구와 의사결정에까지 영향을 준다. 있는 그대로의 자신을 받아들이고 존중하는 것이 아니라 스스로를 축소 혹은 제한하도록 이끈다. 또한 사회에서 받아들여지지 않을까 두려워 다른 사람의 시선에 얽매일수록 더더욱 고정관념의 그림자에서 벗어나지 못하게 되어 결국 거짓 자아를 만들어내고, 진짜 자신을 잃어버리는 결과를 초래할 수 있다.

'꿈꾸는 주부 독서단'에 참여했던 한 여성은 늦깎이 대학 강사였는데, 아이들을 키우느라 늦게 공부를 시작했지만 자신의 꿈을 이루기 위해 누구보다 열심히 살아온 사람이었다. 그녀는 "물론 나도 성공하고 싶죠. 어디 지방에 있는 교수 자리라도 얻었으면 좋겠고요. 하지만 솔직히 남편이 저보다 더 잘 되었으면 좋겠어요. 그게 더 행복할 것 같아요."라며 의외의 이야기를 했다. 인정을 받고 싶으면서도 주목받을까 봐 겁이 나서, 언저리에서 적당 선을 유지하며 사는 삶은 스스로를 주인공이 아닌 관람객 위치에 놓고, 타인을 주인공으로 내세운 삶을 보며 울고 웃는, 방관자로 사는 것이다.

이렇듯 우리는 우리도 모르는 사이에 사회가 만들어낸 성 고정관념의 틀에서 벗어나지 못하고 스스로를 가둔다. 내 마음속에서 외쳐 대는 '꿈을 꿀 자유', '행복해지고 싶다는 욕구', '나답게 살고 싶다는 열망'을 무시한 채, 자신을 너무 드러내지 말라고, 가정의 평화를 위해 적당한 선에서 타협하면서 살라고, 현실에 만족하라고 최면을 건다. 스스로의 삶을 개척한 많은 여성의 사례를 접하더라도 그들은 나와 다른 특별한 사람으로 범주화하여 나는 그들과 다르다는 선을 긋는다. 그리고 나는 평범한 마흔이라고 규정한다. 마흔이 되면 저절로 체계나 사회적 관념에 젖어들어, 나와 맞지 않는 것임에도 그에 반대할 열정과 힘과 필요성이 현저히 낮아진다. 편안한 삶이 지속되면서 무언가에 반대하는 일을 곧 나의 지나온 삶 전체를 부정하는 것과 다름없게 느끼기 때문이다. 그러나 우리에게는 NO가 필요하다. 모두가 '그렇다.'라고 할 때, NO라고 말 할 수 있는 여성. 평범한 주부, 아내, 마흔이 과연 올바른 것인지, 자의에 의한 '평범함'인지, 고정관념에 따라 마흔의 삶에 동화되는 것이 마땅한지에 반대하는 생각을 의식적으로 해보는 것이다.

바바라 쿠니Barbara Cooney가 지은 그림책《미스 럼피우스》는 주체적이고 적극적으로 살아가는 여성의 이야기를 담고 있다. 주인공 미스 럼피우스는 19세기라는 시대 배경을 감안하면 상식적이지 않은 모습의 여성으로 등장한다. 어른이 되면 먼 곳으로 여행 다니다가 할머니가 되어서는 바닷가 집에서 사는 게 어린 시절의 꿈이었던 럼피우스는 어느 날 세계 곳곳을 여행하기 시작한다. 결혼을 하지 않은 미혼 여성이 세계 여행을 다니면서 다양한 친구들을 사귀고, 열대의 섬에도 가고, 만년설이 뒤덮인 봉우리도 오르고, 사막을 횡단하기도 한다. 나이가 들어서는 자신이 원했던 대로 바닷가에 집을 마련한다. 그리고 자신의 정원에 심은 루핀 꽃이 이듬해 봄 언덕 위에까지 번진 것을 발견하고 꽃씨를 온 마을

곳곳에 뿌리기 시작한다. 사람들은 미쳤다고 수군대지만, 아랑곳하지 않는다. 럼피우스는 그렇게 세상을 더 아름답게 하겠다는 마지막 꿈도 이룬다. 세상을 더 아름답게 하겠다는 꿈을 잊지 않고, 남들의 시선에 아랑곳하지 않고, 자신의 꿈을 좇아 행동으로 실천한 그녀는 우리에게 뭔가 대단한 것을 성취하라고 말하지 않는다. 그녀처럼 결혼하지 말고 전 세계를 돌아다니면서 자유롭게 살라는 것이 아니라, 우리 마음속에서 나의 열망을 가로막는 고정관념이 작동되고 있는지를 유심히 살피라는 것이다. '럼피우스는 평범한 우리와는 다른 특별한 여성이야. 그러니까 소설 주인공이지.'라고 속삭이는 순간, 우리는 성 고정관념의 노예가 되어 있음을 인식해야 한다.

나는 내 마음의 정원사다. 내 마음속에서 자라나는 잡초같은 관념들은 뽑아버리는 것이다. 고정관념은 내가 원해서 심은 것이 아니지만, 의식적으로 보고자 하지 않으면 나도 모르는 사이에 무성하게 자라 내 꿈과 열망의 씨앗들을 죽이게 된다. 내 마음을 어떤 정원으로 가꿀 것인지는 전적으로 정원사인 나에게 달려있다. 더 이상 내 마음을 다듬어주는 조력자가 존재하지 않게 되는 마흔에는 고정관념이라는 잡초를 수시로 뽑아내고, 내 꿈의 씨앗을 심고 키우는 일에 전념하는 부지런함이 필요하다.

사회가 만든 '마흔'의 꼬리표를 떼어라

　　상대방이 스스로 선택하고 결정한 일을 존중해주고 더 잘 해낼 수 있도록 끝까지 응원해주는 것이 바로 사랑이다. 《행복한 이기주의자》의 저자 웨인 다이어 Wayne Dyer 는 "사랑이란 좋아하는 사람이 스스로를 위해 선택한 일이라면 무엇이든 그것이 자신의 마음에 들건 안 들건 허용할 줄 아는 능력."이라고 한다. 사랑을 위해 자기 희생과 헌신이 필요하다는 말이 아니라 사랑의 능력을 키우려면 자신의 마음을 너그럽게 사랑하는 법부터 알아야 한다는 것이다. 자기 희생과 헌신으로 사랑을 표했던 우리 어머니들은 스스로를 사랑하기는커녕 자신보다 가족을 돌보고 챙기는 것이 사랑이라고 믿었으나, 과연 그들의 사랑이 정말로 바다같이 넓은 '참사랑'이었을까?

한 예능프로그램에서 오죽헌을 소개하는 안내문을 보고 유시민 작가가 격분하는 장면이 나왔다. 신사임당을 '율곡의 어머니', '현모양처', '우리나라 어머니의 사표'라고 표현한 것 때문이었다. 그는 "훌륭한 정치인일 수 있고, 예술가일 수 있는데 하필이면 왜 어머니냐."며 안타까워했다. 그의 말에 따르면 신사임당은 학식과 재능이 뛰어났고 한 인간으로서 자존감이 무척 높은 사람이었다고 한다. 율곡의 어머니라는 건 신사임당의 여러 다양한 부분 중 일면일 뿐이라는 것이다. 하지만 현대에 이르러서도 통용되는 이러한 수식을 보면, 우리에게 아직도 현모양처를 최고의 여성상으로 인식하는 구시대적 관념이 잔재하고 있음을 알 수 있다. 생각이 이에 미치니 적잖이 씁쓸해졌다. 많은 여성들이 그런 삶을 살 것을 암묵적으로 기대 '당하고' 살아간다. 한 사람의 존재를 나타낼 수 있는 어휘가 많기도 많을 텐데, 누구의 어머니, 아내, 딸로 최소화시켜 표현한다는 것은 참으로 잔인하고도 슬픈 일이다.

예전 어머니들은 귀머거리 삼 년, 벙어리 삼 년, 장님으로 삼 년이라는 말을 귀에 못이 박히도록 들으며 시집살이를 견뎠다. 결혼을 하는 동시에 '나'라는 존재는 저편 어딘가로 보내버리고, 오로지 시댁 문화, 시댁 식구 기준에 맞춰 지내야 그나마 소박맞지 않고 버틸 수 있던 것이다. 자신을 드러내면 생존하기 어려웠던 시절이었다. 우리 어머니 세대만 해도 비교적 흔한 이야기지만 과연 지금이라고 해서 "다 옛날이야기야."라고 웃으며 말할 수 있을까? 현대의 여성은 그때 그 시절 문화와 영향으로부터 진정 자유로워졌다고 말할 수 있을까? 세상이 많이 바뀌었다고는 하나, 완전히 자유로워진 것은 거의 없다.

자신을 먼저 앞세우기보다는 그저 베풀고, 헌신하기만을 강요받았던 여성들. 그들은 그래야만 가정이 평안했고, 그래야만 남들로부터 손가락질 받지 않고 인정받을 수 있었다. 나의 엄마도 맏딸로 태어난 어린 자녀 하나만 보고 그 고된 시집살이를 다 견디셨다. 한번은 도저히 살 수 없겠다 싶어서 늦은 밤 세 살 난 딸을 시댁에 두고, 깊고 어두운 산속으로 도망쳐 달리다가 결국 어린 딸이 눈에 밟혀 돌아왔다고 하셨다. 그 이야기를 듣고 가슴이 무너질 듯 아려와 엄마를 끌어안고 울었다. 오죽했으면 자식을 두고 나왔을까 싶었고, 또 결국 자식 때문에 돌아왔고, 자식 덕분에 버티고 살았다니 엄마 자신의 삶은 어디서부터 멈췄고, 언제부터 사라졌는지 짐작조차 할 수 없었다.

이제 칠순을 넘기신 엄마는 자식들 잘 키우고, 남편이 직장에 잘 다닌다는 이유만으로 세상에 걱정할 일 없는, 최고로 복 많은 여자라며 주변의 부러움을 사신다. 그 사람이 어떤 삶을 살았든 결과적으로 자식 농사 잘 짓고, 남편 멀쩡히 살아있으면 '잘 살았다.'라고 평가받는 것이다. 물론 감사한 일이기는 하지만 그 어디에도 엄마 자신에 대한 평가와 만족감은 찾아볼 수 없다. 다시 돌아간대도 똑같은 선택을 하실 거냐고 묻자 엄마는 그저 웃기만 하셨다.

⌒

물론 어머니의 희생을 보고 자란 자식이 열심히 공부하고 성공해서 은혜를 갚는 경우도 있다. 하지만 우리 주변에는 그와 반대되는 사례도 많다. 어려운 형편에 빚까지 내어 유학을 보내주었더니, 졸업 이후에도 영영 돌아올 생각을 하지 않는 자식도 흔히 볼 수 있다. 희생 뒤에 숨겨진 어머니의 분노와 억울함, 허무감은 무엇으로, 어떻게 위로한단 말인가. 이것은 자신을 먼저 위하는 행위는 이기적이라고 배워 온 우리가 한 번쯤 깊이 생각해 볼 이야기이다. 자신을 버려둔 인생이 어떻게 행복할 것이며, 자신의 인생에 만족하지 못하는 사람이 어떻게 상대방에 대한 기대로 점철

되지 않는 사랑을 할 수 있을까를 말이다.

"어린 것이 많이 컸네. 불쌍한 것. 너를 어떻게 키웠는지 알면, 너 엄마한테 잘해야 한다." 어릴 적 외가에 가면 엄마의 사연을 아는 어르신들께서 하시던 말씀이다. 특히 이모들이 나를 바라보는 시선에는 '넌 엄마를 배신하면 절대 안 되고, 반드시 엄마를 행복하게 해드려야 한다.'는 책임과 의무가 묻어 있었다. 내가 태어나기 전부터 시작되었던 엄마의 고생과 희생은 어느새 내게 엄청난 무게의 짐이 되었고 평생의 부담으로 작용했다. 엄마는 당신의 사랑 방식, 즉 하나부터 열까지 챙겨주고 베풀어주는 것을 상대가 조금이라도 거부하는 날에는 크게 노여워 하셨다. 또한 누군가 당신을 그렇게 돌봐주고 챙겨주기를 바라셨기에 사소한 일로 서운해 하실 때가 많았다. "너희들이 건강하고 잘 살면 된다, 아무것도 기대하지 않는다."고 말씀하셨지만, 그게 다가 아니라는 걸 자식들은 알고 있다. 엄마에 대한 깊은 사랑과 고마움이 크고 엄마가 보여주셨던 남편과 자식에 대한 지극한 헌신은 그들 나름의 사랑에서 비롯되었음을 알지만, 당신은 뒷전이고 늘 가족이 우선이셨던 엄마는 스스로 돌보지 못해 채워지지 않는 애정 욕구를 가족들이 채워주기를 기대하셨던 것이다.

유럽의 농부들은 포도나무 가지를 잘라 포도의 자연성장을 막으면 더 나은 품질의 열매를 맺어, 결과적으로 더 좋은 와인을 얻을 수 있다는 사실을 발견했다. 가지치기의 목적은 생산량을 줄이더라도 최고의 품질을 가진 포도를 얻기 위함이었다. 포도가 잘 성숙할 수 있는 최상의 조건을 갖출 수 있도록 환경을 조성해 주는 것이다. 포도나무뿐만 아니라, 작은 화초를 키워본 사람들은 모양을 내기 위함이 아니라 나무가 잘 자라도록 불필요한 가지들은 쳐내야 한다는 것을 안다.

관념도 마찬가지이다. 스스로 성장하기 위해서는 불필요한 사회적 관념에서 가지치기를 할 필요가 있다. 사회의 궤도에 이제 막 진입한 20대, 자리를 잡아가는 30대와 달리 마흔은 기성의 관점에서 벗어나려는 노력이 필요하다. 수많은 여성이 기성세대의 삶을 수용하며 살았고, 때로는 감사하면서도 때로는 어머니처럼 살지 않겠다고 굳은 다짐을 하기도 한다.

그러나 당신의 '마흔 이후의 삶'은 결코 그들과 같지 않다. 백지(白紙)의 미래에 과거의 흔적을 투사하는 일은 성숙한 삶과는 거리가 멀다. 보다 성숙한 삶을 살고자 한다면 삶의 초점을 나 자신으로 돌린 후, 밖으로 향하는 기대와 목마른 애정에 가지치기를 해라.

무료한 일상을 탓하지 마라

날마다 주어지는 일상, 오늘 하루를 대하는 우리의 자세는 어떨까? 대부분의 우리는 하루의 시작을 반가워하지 않는다. 아침마다 온몸이 천근만근이라며 조금만 더 자고 싶다는 생각과 씨름한다. TV나 책에 나오는, 밤잠을 잘 자고 다음 날 개운하고 가뿐하게 일어나는 쌩쌩한 주인공의 모습은 기대하기 힘들다. 아침형 인간이 어쩌고, 미라클 모닝이 저쩌고 하는 소리를 숱하게 들어왔지만 모두 남 얘기 같다.

매일 아침을 온갖 유혹과 씨름하며 간신히 잠에서 깨어나면, 남편과 아이들 챙기느라 진짜 전쟁이 시작된다. 정신없이 하루를 시작하는 일이 반복되다 보니, 어느새 이러한 패턴이 습관화 되어버린 것이다. 집안을 대충 치우고 나면 어영부영 시간이 흘러가고, 밖에서 모임이 있어 한 번 나갔다 오거나 장이라도 보고 오면 금

세 아이들이 돌아올 시간이 되고, 저녁 식사 준비를 한다. 저녁을 먹고 뒷정리를 한 후, 아이들 공부 좀 봐주고 드라마 한 편 보고 나면 어느새 하루가 다 지나고 다음 날을 위해 서둘러 잠자리에 든다. 시간에 쫓겨 바쁘게 움직이는 것 같지만, 돌아보면 남는 것 하나 없이 공허하다는 생각에 서글퍼 진다.

우리가 오늘 하루, 지금 이 순간을 어떻게 대하느냐가 내 인생의 남은 페이지를 결정짓는다. '오늘 안 되면 내일부터 하면 되지.'라고 느긋하게 생각할 수도 있다. 오늘은 내 남은 인생의 첫날이기도 하지만 내 인생의 마지막 날이 될 수도 있다. 오늘 당신에게 주어진 두 번째 인생의 첫 페이지를 장식할 단 한 줄의 문장은 무엇일까?

ᦉ

마흔에 우리의 마음이 단단해지지 않고 아쉬움이 남는 과거의 일을 원망하거나 그리워만 한다면 그때의 실수를 되풀이하며 살기 쉽다. 또 앞을 바라보니, 지혜롭지 못한 상태로 살아갈 날들이 막막하고 두렵기까지 하다면서 불투명한 미래를 붙들고 전전긍긍하며 살기 십상이다. 인생의 딱 절반을 살아온 마흔에게 지금 이 순간에 집중하고 충실하라는 말은 인생의 두 번째 페이지를 쓸 때 반드시 새겨들어야 하는 명제다. '그럴 듯하고 좋은 말이구나.'라고 가볍게 듣고 넘어갈 것이 아니라, 하루를 대하는 나의 태도를 점검해야 한다.

나는 누군가 "잘 지내?"라고 안부를 물어보면 "어, 뭐 그냥 그렇지, 특별한 거 없이 매일 똑같아. 뻔하잖아, 넌 어때?"라고 성의 없이 대답했다. 일상을 대하는 태도가 나의 삶을 '부질없는 일'로 보이게 한 것이다. 이처럼 스스로의 삶을 무용한 것으로 전락시키는 말은 어리석은 습관이다. 당시의 내가 "오늘은 뒷산에 핀 야생화를 만나 설레는 하루였어."라고 말했다면 어땠을까? '특별함'을 만드는 것은 오로지 나의 태도와 자세에 달렸다. 날마다 일기를 쓰는 일이 어렵다면 오늘을 기억할 수 있는 인증 사진을 블로그, SNS, 핸드폰 다이어리에 남기는 것도 좋은 방법이다.

나는 사진 찍는 것을 별로 좋아하지 않았다. 그 이유를 물으면 사진을 찍느라 보내는 시간에 그 순간을 내 눈과 마음에 더 충실히 담기 위해서라고 핑계를 댔다. 그렇게 특히 아이가 자라면서 사진 찍는 일이 더 줄어들기 시작하더니, 언제부터인가 나의 삶과 성장을 담은 기록들이 끊겨 버렸다. 그날이 그날인 일상을 보낸 것이다. 쫓기듯 살다 보니 고단한 삶이라는 배경 속에 나도 묻혀 버렸다.

그랬던 내가 일상의 기록을 사진으로 남기는 습관을 들이기 시작한 것은 우연이 아니었다. 남편과 딸은 기억하고 있는 장면을 나는 기억하지 못할 때가 종종 생긴 것이다. 예를 들어 함께 갔던 여행지나 맛집뿐만 아니라 소소한 체험들까지 기억을 못해서 가족들에게 "벌써 치매 온 거 아니냐."는 우스갯소리까지 듣고 나서야 깨달았다. 특별한 순간을 간직하기 위해서만 사진을 찍고 기록하는 것이 아니라, 사사로운 모든 일상의 것도 기록을 하면 특별한 순간이 되어 기억에 오래 남을 수밖에 없다. 그래서 나는 더욱 의식적으로 '오늘의 최고 순간'을 포착하고 짧은 기록이라도 남기려고 한다.

본래 색감이 뛰어난 편이고 어릴 때부터 그림 그리기를 좋아해서 그런지 최근 메이크업이 취미가 된 딸은 가장 좋아하는 놀이가 화장하는 것이고, 돈과 시간이 생기면 화장품 가게로 가는 것이 일상처럼 보인다. 내가 보기에는 집에 있는 틴트랑 똑같은 색깔의 상품을 왜 또 샀느냐고 핀잔을 주면, 딸은 예전 것과 새로 구입한 것을 직접 손등에 발라 보이면서 "엄마, 이게 똑같아? 세상에 똑같은 색은 하나도 없어."라 반박했다.

요리도 마찬가지다. 똑같은 사람이 똑같은 재료를 가지고 같은 메뉴의 요리를 한다고 해도 요리의 맛이 똑같지는 않다. 인생도 그렇지 않을까? 이 세상에 같은 색깔, 같은 요리가 없듯이 같은 사람도 없고, 어제와 동일한 나도 없다. 그 작은 차이를 발견하는 것이 핵심이다. 어제와 1%라도 다르게 오늘 단 하루만을 위한 설계를 하는 것이다. 인생의 목적과 꿈을 이루어줄 큰 설계도도 필요하지만, 그보다 오늘 하루를 특별하게 그리고 충실하게 살 수 있도록 도와줄 하루치의 작은 설계도 한 장이 더 중요하다.

전과 다른 하루를 보내기 위해서는 호기심을 유지하는 것도 중요하다. 어린아이가 주변 모든 것들에 호기심을 보이고 놀라워하며 배우려는 것처럼 말이다. 아이들은 어제와 내일에 관심이 없다. 지금 바로 내가 있는 이곳, 현재만이 존재할 뿐이다. '열심히 해봐야지, 무언가 이뤄봐야지.' 하는 의도보다는 그 순간에 후회와 두려움 없이 몰입할 뿐이다. 매 순간이 경이로움의 연속이라 생각한다면 당연히 어제와 같은 오늘은 있을 수가 없다.

변하지 않는다는 고정관념을 버려라

어렸을 때, 아니 30대까지만 해도 나는 길을 떠나는 꿈을 자주 꾸었다. 길을 떠나는 것은 목적이 있고 이유가 있는 것일 텐데, 꿈속에서는 어디로 가는지 왜 가는지 알 수가 없었다. 나는 늘 어디론가 향하고 있었고 길 위에 있었다. 아주 가끔 동반하는 사람도 있었지만 대부분 나 혼자였다. 길을 가다 보면 늘 장애물이 나왔고 죽을 고비도 넘겨야 했다. 그런데 아이러니하게도 현실에서는 혼자서 여행을 떠나본 적이 없다. 물론 혼자서 지인을 만나러 간 적은 있지만, 집을 떠나는 순간부터 다시 집으로 돌아올 때까지 홀로 여행한 적은 없다. 겁이 많고 길치인 나는 지금도 혼자서 훌쩍 떠나는 사람들이 부럽다. 그런 내가 꿈속에서는 혼자 길을 떠나고 있다.

길을 떠난다는 건 새로운 사건이 시작되는 것이고, 새로운 이야기가 만들어진다는 것이다. 그러기 위해 우선 쓰고 있는 가면부터 벗어야 한다. 여기서 말하고 싶은 가면은 크게 두 가지다. '보여지는 나'와 '믿고 있던 나'를 말한다. 가면을 벗자는 것은 이 두 가지의 '나'를 모두 넘어선다는 것이다.

'보여지는 나'의 가면을 벗는 일은 그동안 내 이름을 대신해서 딱지처럼 붙은 '역할'에서 벗어나는 것이다. 관습에서 비롯된 고정관념에서 벗어나는 것도 중요하지만, SNS를 비롯한 남들에게 보여주고 싶은 가면에서 자유로워지는 게 더 중요하다. 서로 비교하고 자신을 포장하면서 얻어지는 만족은 자존감이 아니라 우울감과 공허감의 이면이기 때문이다.

또 다른 가면은 언제부터 썼는지 알 수는 없어도, 스스로에게 아주 익숙한 가면이다. 바로 스스로가 정의한 '나'다. 다시 말해 나에 대한 개인적 고정관념이다. 이를테면 똑똑하다, 지혜롭다, 순진하다, 어리석다, 게으르다, 성실하다 등의 형용사로 나를 규정하고 있지는 않은지를 살펴보는 것이다. 원래부터, 늘 그러한 '자기'는 없다. 사람들은 흔히 내가 처한 상황이나 역할, 나의 감정과 욕구에 따라 내가 수시로 변한다는 것을 받아들이기보다 어떤 상황에 처하든 변함없이 일관성 있는 '자기'가 존재할 것이라고 믿는다. 심리학에서는 '자기'를 다양한 것들로 구성된 복합체로 여긴다. 우리는 상황에 따라 융통성 있게 달라지는 다양한 '자기'의 부분을 지녔을 뿐이다. 다양하고 복잡한 자기의 부분을 각기 다른 모습으로 받아들이고, 통합할 수 있을 때 비로소 자신에 대한 확신감이 들고 자긍심도 높아진다.

많은 여성이 자신을 아끼고 존중하는 법을 잘 알지 못한다. 다양한 '자기'의 부분과 개성을 무시하는 것이 이 세상에 적응하고 살아가는 데 더 유리했을지도 모른다. 또는 우리는 긍정적이든 부정적이든 일관성을 선호하기 때문에, 설사 자신을 제한시키는 우를 범할지언정, 다양한 부분을 인정하려는 데서 오는 모순과 혼란스러움은 인정하고 싶지 않을 수도 있다. 하지만 이렇게 스스로 규정한 틀에 묶여서 변화를 거부하면, 더 가능성 있는 자기를 보지 못할 뿐만 아니라 자신의 가치를 발휘하고 확장시켜 나갈 기회조차 만나지 못하게 된다.

인생을 연극에 비유하기도 한다. 배역에 맞게, 상황에 따라 필요한 가면을 써야 할 때도 많다. 하지만 지금 쓰고 있는 가면이 본래의 '나'인줄 착각해서는 안 된다. 네덜란드의 사회심리학 교수인 옌스 푀르스터Jens Forster는 자신을 잘 알고 싶은 사람이 있다면 외국에 장기간 체류해보라고 권하였다. 그는 독일에서 살다가 네덜란드로 이사를 갔는데 1년을 살고 난 어느 날 아침, 자신이 20년 동안 한 번도 하지 않았던, 점심에 먹을 도시락을 싸고 있다는 것을 깨달았다. 네덜란드 사람들의 점심은 집에서 싸 온 빵과 버터밀크 한 잔이 전부였는데, 자신도 모르는 사이에 네덜란드의 관습에 적응한 것이다. 인간의 빠른 적응력은 한 사람의 인격이란 철옹성같이 견고한 것이 아니라 얼마든지 변화 가능한 것임을 알려준다.

중국에서는 큰 광장이나 공원 한가운데서 무리를 지어 춤을 추는 광경을 볼 수 있다. 나도 처음에는 신기해서 구경만 하고 있었지만, 정신 차리고 보니 어느새 그들 틈에 끼어서 춤을 따라 추고 있었다. 이외에도 외국인 친구들과 장을 보면서 그들의 음식 재료와 요리 방식을 배웠다. 솜씨가 별로였던 내가 외국인을 상대로 한국 음식을 만들기도 했다. 나는 내가 이렇게 다양한 분야, 사람과의 만남을 좋아하리라는 것을 몰랐다. 결국 '겁 많고 소심한 정교영'이라는 것은 내가 정해 놓은 '보이는 나'일 뿐이었다.

❧

우리는 타인과의 관계를 맺기 위해 혹은 누군가의 관심을 얻기 위해 서로 수많은 가면을 쓰고, 벗으며 산다. 가면을 쓰고 있다는 의식조차 못한 채 말이다.

마흔의 관계에서도 마찬가지다. 당신이 맺고 있는 모든 사람들이 소중할 수 있으나, 때로는 나의 성장을 가로막는 관계는 과감하게 정리할 필요가 있다. 젊을 때는 다양한 사람들과의 교류를 통해 경험을 확장해 나가는 것이 필요하다. 그러나 마흔 이후에는 관계에 매달리고 욕심을 내는 일이 오히려 성장을 가로막는다. 세신을 통해 몸과 마음을 산뜻하게 하듯이 불필요한 관계를 정리하면서 '마흔'을 보다 가볍게 하고 가는 것이다.

애초에 불가능하고 비현실적인 생각이기도 하지만, 모든 사람들과 잘 지내야 한다는 생각을 내려놓아야 한다. 관계의 정리를 하지 않는 건 언젠가 다시 입을지도 모른다며 입지도 않는 옷을 몇 년 이상 묵혀두고 있는 것과 같다. 만났을 때 즐겁지 않거나 편하지 않은 사람들을 멀리해라. 마흔에 쏟아야 할 에너지는 삶에 의지를 끌어올리는 방향에 있다. 만날 때마다 에너지를 빼앗기고 자주 우울해지는 사람이라면 그것은 소모적인 관계라고 볼 필요가 있다. 이런 경우에 해당하는 이가 있다면 눈치 볼 것 없이, 적당한 거리를 둘 필요가 있다.

아직 발견하지 못한 당신의 일부가 있다면 무엇일까? 남들과 다른 특별하고 고정불변의 것이 나다운 것이라고 믿고 나를 찾으려 하는 일이 가장 어리석은 일이다. 새로운 경험이 닥쳐오면 우리는 얼마든지 행동도, 인성도, 재능도, 취향도 변화를 겪는다. '변하지 않는다.'는 믿음을 깨야 한다. 이게 나라고 굳게 믿고 있던, 고정관념의 가면에 갇혀 있었다면 지금까지 당신의 이야기들은 덮어두고, 내가 만약 작가라면 인생이라는 작품 속에 어떤 인물을 등장시키고 싶은지 세세하게 적어 내려가 보자.

역할 수행 단계에서 벗어나라

고된 육아와 잡다한 집안일에 시달리다 보면 어느새 멀쩡했던 정신도 나가버릴 때가 많다. "화장도 못하고 나왔네. 참! 가스 불은 끄고 나왔나? 빨래 널었어야 하는데 어떡하지?"라는 혼잣말을 하는 경우가 잦아진다. 가족을 돌보고 집안일을 하느라, 자신을 보살필 겨를이 없는 주부의 바쁜 일상은 예나 지금이나 크게 다르지 않다.

⸙

나는 공부하고 일을 한다는 이유로 육아와 살림에 모두 허술했다. 신혼 초에는 '깨소금'이 뭔지 몰라서 시댁 식구들에게 놀림을 받은 적도 있다. 그나마 친정엄마와 시어머니께서 챙겨주시는 김치와 반찬 덕분에 가족을 굶기는 일은 없었다. 정리정돈이나 요리는 물론이고 장 보는 일까지 서툴렀던 내가 시간이 흘러도 좀처럼 늘지 않았던 살림 솜씨를 아는 사람 하나도 없는 낯선 땅에서 키우게 되었다. 더 이상 나를 챙겨주고 도와줄 사람이 없다는 현실이 나의 의지를 뛰어넘어 '완벽한 주부의 모드'로 태세를 전환하게 만든 것이다.

딸이 현장 학습을 가게 되어 도시락을 싸던 어느날, 아침 일찍 일어나 도시락을 만들고 있는데 갑자기 친정엄마가 떠올라 눈물이 났다. 어릴 때는 엄마로부터 힘들다고 끙끙거리는 소리나 불평 한마디 들은 적이 없던 터라 그 누구의 도움 없이 홀로 감당해냈던 그녀의 삶을 나는 너무도 당연한 주부의 일상이라 여겼던 것이다. 지금에 와서 이런 생각을 하는 스스로가 너무 부끄럽고 죄스러웠다. 얼마나 힘들고 외로우셨을까. 그래도 자식 키우고 도시락 싸서 학교 보낼 때가 가장 행복했다고 말씀하시고, 젊을 때는 힘든 줄도 모르고 그 큰 살림을 혼자서도 척척 하셨다는 어머니들이 너무 늙어버려 아이처럼 작아진 모습을 볼 때 마음 한구석이 먹먹해진다. 자기 자신을 주부로서의 역할과 완전히 일치시켜, 혼자서 억척스럽게 고단한 살림을 꾸려 가셨던 그들을 보면 입이 딱 벌어질 만큼 경외심도 들지만, 한 여성의 인생이 단순히 엄마의 삶으로만 한정되는 현실이 낱낱이 보이기도 한다. 그들은 과연 좋은 삶을 사셨을까? '충실한 삶'과 '좋은 삶'은 전혀 다른 의미를 가지지만 대체로 사람들은 이 둘을 동일한 것으로 인식하곤 한다.

⌘

"일주일 중에 주말이 가장 싫어요. 남편과 아이들이 모두 집에 있으니까 하루 세끼 꼬박 챙겨야 하죠. 밀린 집안일까지 해야 하는데 거들어주는 사람은 없어요. 남편과 아이들은 남의 속도 모르고 어지르기만 하고요. 잠시라도 앉아서 쉴 틈이 없는 거죠. 그러다가 저녁때가 되면 꾹꾹 참았던 게 터져 나오기도 해요. 주말은 쉬라고 있는 날이라던데, 난 주말이 가장 바쁘고 힘드네요. 주말에 일한다고 누가 수당을 주는 것도 아니고……."

누구나 여유를 만끽할 수 있는, 따뜻하고 평온한 주말을 기대해도 좋으련만, 주말이 더 두려운 엄마들이 있다. 직장인에게 월요병이 있다면 엄마에게는 '주말병'이 있는 셈이다. 가족 안에서 '나 혼자'인 여성들은 외롭고 힘들다. 아무리 고단하고 힘들어도 가족에게 마음껏 투정 부리지 못하고, 주부라는 역할에서 완전히 자유로울 수도 없다. 전업맘이든 워킹맘이든 많은 기혼 여성이 어릴 때 나를 챙겨줬던 엄마를 떠올리면서 우스갯소리로 "나도 날 챙겨줄 아내와 엄마가 필요하다."는 얘기를 곧잘 한다. 집안일과 직장 일을 완벽하게 병행하느라 갑자기 의식을 잃고 쓰러져 본 경험이 있다는 이야기도 심심치 않게 듣는다. 누군가는 자신의 역할과 삶을 혼자 짊어지고 책임지는 것이 어른이 되는 과정이라고 말한다. 자신의 생각, 감정, 행동에 책임질 줄 아는 사람이라면 진정한 어른이고 성숙한 사람일 테지만 자신의 욕구는 무시한 채, 어떠한 조율이나 선택의 여지조차 없이 원하지 않는 역할과 그에 따른 책임만 강요받는다면 사정이 다르다. 그것은 어른이 되어가는 과정이 아니라, '엄마가 되어가는 과정'이다.

가족치료의 대가였던 버지니아 사티어 Virginia Satir는 《사티어 모델》에서 우리가 누려야 하는 다섯 가지 자유를 소개하였다.

그래야만 하는 것, 그랬던 것, 앞으로 그렇게 될 것 대신에

지금 여기에 있는 그대로 보고 들을 수 있는 자유.

느끼고 생각해야만 하는 것 대신에

지금 느끼고 생각하는 그대로를 말할 수 있는 자유.

느껴야만 하는 것을 느끼는 대신에

지금 느껴지는 그대로 느낄 수 있는 자유.

바라는 것을 얻기 위해서 허락을 받을 때까지 기다리는 대신에

원하는 것을 요구할 수 있는 자유.

흔들리는 것을 두려워하여 안전함만을 선택하는 대신에

자기를 위해서 모험을 할 수 있는 자유.

누구나 자신의 삶을 스스로 선택하고 결정할 수 있는 자유가 있다. 이런 자유를 누릴 때만이 스스로의 삶에 책임을 질 수 있는 것이다. 우리는 원하는 삶을 살 권리가 있다. 그동안 우리가 선택한 것을 보면 주어진 역할, 즉 아내, 엄마, 딸, 며느리로서의 역할을 잘 수행하기 위해 애써온 방법들에 지나지 않는다. 그것이 보다 나은 삶을 위한 최선의 방법이라고 생각했을 수도 있다.

그러나 더 나은 삶, 더 나은 내가 되기를 원한다면 지금이라도 구분하는 것이 좋다. 단언컨대 일이나 과제를 하듯이 주어진 역할을 잘 수행한다고 해서 좋은 삶, 좋은 내가 되는 것은 아니다. 자신의 감정과 욕구를 무시할 때, 마땅히 그래야 한다고 의심없이 받아들일 때 삶은 '역할 수행'에 단계에만 머물게 된다.

해야만 한다고 여기는 일을 그만하라

우리에게는 주어지는 시간에 비례하여 신경 쓸 것이 너무나 많다. 바쁜 아침, 우리는 아침상을 차리는 동시에 잠자는 아이들을 깨우고, 다림질할 옷들에 눈길이 간다. 아이들 준비물은 다 챙겼는지, 마스크나 우산을 챙겨야 하는지 두 번, 세 번 꼼꼼히 체크하기도 한다. 몸은 하나이고, 한 번에 한두 가지씩밖에 처리를 못하지만 머릿속에서는 다음에 순차적으로 해야 하는 몇 가지의 일이 착착 돌아가고 있다. 아침마다 전쟁을 치른다는 말이 괜히 나오는 게 아닌 것이다.

물론 여성들만 바쁜 것은 아니다. 남성이든 여성이든 모두가 바쁘고 힘들다. 쳇바퀴 같은 일상이 반복된다. 하지만 왜 여성이 유독 더 힘들고, 삶의 만족도가 떨어지는지를 마커스 버킹엄 Marcus Buckingham은 여성들은 동시에 여러 가지 일을 처리하는 멀티플레이어, 멀티태스커가 될 것을 요구받기 때문이라고 보았다. 물론 실제 그런 사람도 있겠지만, 그렇게 키워진 환경 탓이 크다는 것이다. 신경 쓸 데가 많으니 자신에게 집중할 여유가 조금이라도 생기는 일이 드물다.

많은 양의 일을 동시에 처리하는 능력에 스스로 만족하는지 묻고 싶다. 물론 그 많은 일을 다 끝냈을 때 성취감 내지 안도감이 들지 않는다고 말하기는 힘들다. 하지만 끝내야 하는 의무감이 더 크게 작용하지, 많은 일을 정말 잘 해내고 싶다는 욕구가 먼저 들지는 않을 것이다. 그러다 보면 한 가지 일도 잘 해내기가 쉽지 않다. 많은 일을 동시에 처리하는 데에 에너지와 시간을 쏟느라, 나를 위해, 내가 잘하고 싶은 일에 집중할 여력이 없어지는 것이다.

실제 멀티태스킹이 업무에 미치는 영향을 알아본 휴렛 팩커드 Hewlet Packard의 연구에 따르면 일반적인 노동자의 IQ는 다중 업무를 처리할 때 10점이 떨어진다고 한다. IQ가 10점 떨어진다는 것은 잠을 하루 자지 못한 것과 같은 상태를 말한다. 또한 멀티태스킹은 스트레스도 증가시키고 노화를 촉진시킨다는 사실을 밝혀낸 연구들도 많다. 이러한 연구 결과는 해야만 하는 일을 동시에 잘 처리하기 위해 열심히 시간을 분할하여 강박적으로 일하는 것은 행복이나 건강, 성공에도 큰 도움이 안 됨을 시사한다.

결국 해야만 하는 일보다 집중하고 싶은 일에 집중하고 주도적으로 사는 것이 우리의 건강하고 행복한 삶을 보장해준다. 즐거운 마흔의 삶을 이루는 패턴을 찾고 싶다면 모든 일을 다 잘해야 한다는 생각, 특히 해야만 된다고 여기는 일을 잠시 유보하는 것이 효과적이다.

☙

워킹맘들은 일을 통해 개인적인 성취감을 느낄 수도 있지만, 전업맘의 경우에 성취감 내지 유능감을 느끼기가 쉽지 않다. 뚜렷한 보상도, 인정도 없으며 늘 마땅히 해야 할 의무와 책임감이 대부분이기 때문이다. 그렇게 반복되는 일상 속에서 자신의 꿈과 비전을 가지고 미래를 그리고 희망과 기대감을 품으며 하루를 살아간다는 것은 어려울 수밖에 없다. 그러나 그렇다고 앞으로도 쭉 쳇바퀴 돌 듯 살 수는 없는 노릇이다. 한 번쯤은 해야만 한다고 여기고 습관처럼 하던 행동을 하나씩 빼보는 것이 좋다. 물리적 생존에 필요한 것들과 사회적으로 약속되는 행위를 제외한 모든 것에 있어 '꼭' 해야 하는 일이라는 정의는 스스로가 만든 것이 대부분이기 때문이다. 반복되는 일상 속에서 우리가 처리하는 대다수의 일은 무의식적이고 습관적으로 행해지는 경우가 많다.

습관적으로 이끌려 사는 삶을 조금이라도 바꾸려면 나의 일상을 잘 관찰해야 한다. 오른손잡이지만 일부러 왼손을 조금씩 이용하거나, 아침에 일어날 때 가장 먼저 하는 것이 무엇인지 살펴보았다가 순서를 바꾸어본다든지, 장을 보러 가는 길을 바꾸어본다든지! 내가 좋아하는 색깔의 옷들로 쫙 맞추어 입어 본다든지. '나란 사람은 원래 이런 사람이지.'라는 것을 뒤집는, 일상의 전복을 통해 삶의 새로운 관점을 열어보는 것이다.

❧

나는 시력이 좋지 않아서 오래전부터 안경을 써왔다. 어릴 때부터 오랜 시간 안경을 써온 사람들은 안경 없는 삶을 상상할 수가 없다. 이미 안경과 한 몸이 되어버린지 오래라 안경을 벗은 얼굴을 바라보면 그렇게 낯설 수가 없다. 그 핑계로 나는 화장하는 즐거움도 느껴본 적이 없으니, 여자로 태어난 혜택을 별로 누리지 못한 셈이다. 반대로 딸은 나와는 참 다른 구석이 많은 아이다. 요즘 청소년들의 특징일 수도 있지만 딸은 유난히 화장하고 자신을 가꾸는 데 관심이 많다.

그러던 어느 날부터 아이는 여러 가지의 렌즈를 사들이기 시작했다. 안경이 익숙하지 않고 불편하다면서 교실에서 수업할 때만 안경을 끼던 아이가 렌즈의 세계를 접한 이후로는 나날이 그 종류가 늘어가기 시작한 것이다. 나도 내 결혼식과 동생의 결혼식 이렇게 딱 두 번 콘택트렌즈를 사용해 본 적이 있다. 내 기억으로는 렌즈를 착용하는 것 자체부터가 보통 어려운 일이 아닐뿐더러, 간신히 끼었다 해도 렌즈가 자꾸 겉돌아 튀어나올 것 같았다. 왜 이런 불편함을 감수하고 렌즈를 끼는지 이해할 수가 없었다. 우연히 딸을 따라 성탄절 기념 행사를 하는 렌즈 매장에 들어갔던 날, 그것을 덤으로 얻었다. 10년 넘게 해보지 않던 짓을 하게 된 것이었다. 일단 샀으니 한번 끼워봐야 하는데 처음에는 용기가 나지 않았다. 그래도 가족 송년 모임에 안경을 벗고 가기로 딸과 약속을 해놓은 터라 어쩔 수 없이 렌즈를 착용하고 화장도 하게 되었다. 생각했던 것보다 시간이 걸리지 않았다. 안구건조증에 노안까지 와서 오래 끼고 있을 수가 없었지만, 2시간 정도는 충분히 가능했다. 더 놀라운 것은 그동안 안경 핑계로 눈 화장을 하지 않았던 내가 눈 화장을 시도해 보았다는 것이다. 물론 거울에 비친 내 얼굴이 엄청 낯설기만 하고 예뻐 보이지도 않았지만, 새로운 나를 경험해 본 것 자체의 신선함이 있었다.

한 번도 안 해 본 짓은 생각해보면 수도 없이 많다. 나답지 않다면서 시도 자체를 거부했거나 남들 눈에 이상하게 보일까 겁이 나서 못한 것도 많을 것이다. 책을 잘 읽지 않는 당신이라면 하루에 10분씩이라도 책을 읽어보고, 집에만 있기 좋아하는 집순이라면, 매일 10분이라도 햇빛을 쐬고 바람을 맞으며 가벼운 산책을 해 볼 수 있다. 또는 인터넷 쇼핑을 주로 하는 당신이라면, 직접 매장을 돌면서 물건을 골라보는 행동을 해 볼 수도 있다. 좋아하는 음악 한 곡 정도는 직접 연주해 봐야겠다고 결심하고 악기를 살 수도 있다. 비록 몸치지만 음악을 틀어놓고 막춤을 출 수도 있고, 취미 삼아 가볍게 배워볼 수도 있다. 또 당신이 무척 생산적인 편이어서 집에서 빈둥거리는 것을 못 견디는 사람이라면, 아무것도 안 하고 소파에서 뒹굴거리거나 드라마를 몰아서 볼 수도 있다. 그건 나답지 않다고 말하고 싶을 수도 있다. 하지만 나답다는 게 무엇일까? '나답다'는 말이 나를 규정하는 한계와 틀로 작용하는 것이라면 나다운 것을 찾아다니는 행위는 무의미할 수밖에 없다.

나의 다양한 부분과 만날 수 있는 기회를 열어라. 그러려면 다양한 자극에 노출될 필요가 있다. 다양한 자극은 완벽하게 새로운 것에서만 생기지 않는다. 나를 둘러싼 환경을 바꾸는 것도 좋은 방법이다. 구겨진 옷들을 다림질해 옷장에 차곡차곡 정리하거나, 집안 청소를 하거나, 베란다 식물의 먼지를 털어 준다거나.

다은 씨는 큰 아이의 독립이 임박하자 좀처럼 마음이 안 잡히고

밤에 잠을 설치는 등 부쩍 우울감을 느꼈다. 운동과 산책을 하면서 마음을 다스려보기도 하고, 친구들과 여행도 다녀왔지만 잠시라도 홀로 있는 시간이 주어지면 이런 저런 잡생각들이 끊이질 않아 괴로웠다. 그러던 중 우연히 미니멀리즘에 관한 이야기를 접했고 아무리 오래된 물건이라도 잘 버리지 못한다는 그녀는 큰 용기를 냈다. 무리하지 않고, 하루에 한 개의 서랍을 정리하기로 마음 먹은 것이다. 일주일이 흘러 다시 만났을 때 그녀의 표정은 한결 가벼워 보였다. 워낙 부지런하고 깔끔한 성격이었기에 겉으로 보기에 늘 깨끗한 집이었지만, 막상 서랍을 열어 온갖 잡동사니들이 먼지와 함께 뒹굴고 있는 것을 보니 자신의 엉클어진 마음과 동일해 보였다는 것이다. 밀린 일을 해치우듯이 하지 않고, 시간을 들여 하나씩 정리하면서 그녀는 번잡했던 마음이 가지런해지는 경험을 했을 것이다.

가끔은 단순한 것에서 답을 찾는 경우도 있다. 삶이 단순해질 때 마음은 훨씬 여유로워 진다. 그 새로운 자극 속에서 내가 경험하고 있는 것이 무엇인지 관찰해보자. 일부러 자극을 찾아다닐 필요는 없다. 하루에 한 가지, 안 해보던 짓을 해도 좋고, 반대로 해야만 한다고 여겼던 늘 하던 짓을 안 해보는 일도 괜찮다.

익숙함의 함정에서 빠져나와라

"심장이 뛰는 곳으로 간다는 게 삶의 모토다. 지금은 연기에 가슴이 뛴다."

동양의 찰리 채플린이라고 불린다는 현대 무용수이자 안무가인 김설진의 이야기다. 2014년 오디션프로그램인 〈댄싱9〉이라는 방송을 통해서 김설진이라는 사람을 처음 알게 되었다. 뛰어난 기교와 독특한 몸짓뿐만 아니라, 다른 이들과 달리 그의 무대에는 늘 스토리가 담겨 있어 춤에 문외한인 나조차도 쉽게 이해할 수 있었다. 음악과 몸짓, 스토리가 하나로 어우러져 시선을 사로잡았다. 독보적인 무용수였던 그가 연기에 도전을 한다니 이게 무슨 일일까?

그는 무용수 출신이어서 더 잘 표현된 장면이 있었냐는 기자의 말에 "모든 장면은 내가 했기 때문에 가능한 장면이다. 다른 사람이 했다면 그 사람만이 만들어낼 수 있는 장면이 나왔을 것이다. 무용수여서가 아니라 '나'여서 특별하다고 생각한다."라고 답했다.

자신이 어디에 있든 무슨 일을 하든 '나'여서 특별하다는 말은 애를 쓰건, 쓰지 않았건 내가 나라는 점은 변하지 않는다는 것과 상통한다. 당신의 심장이 뛰는 그곳에 당신의 특별함이 있는 것이다. 당신의 특별함은 어디에 있을까. 주방일 수도 있고, 나 홀로 머물 수 있는 작은 방일 수도 있고, 책이 있는 서재나 도서관이나 카페일 수도 있고, 공방이나 전시관, 공연장일 수도 있고, 영화관일 수도 있다. 또는 완전 낯선 여행지일 수도 있고, 아니면 시끌시끌한 쇼핑몰이나 시장일 수도 있다.

❧

누군가는 삶이 무의미하게 느껴지거나 편안한 현실에 안주해 나태해지려는 자신을 보게 된다면, 새벽 시장으로 가라고 했다. 새벽에 가게 문을 열고 몸을 바삐 움직이는 사람들에게서 뿜어져 나오는 열정과 활력을 느끼고 오면 어느새 다시 심장이 살아 움직이기 시작한다는 것이다. 내 안의 영혼을 깨우는 장소라면 어디든 상관없다. 다만 에너지를 갉아먹고 감정적인 소모가 큰일이라면 피하는 것이 좋다.

오스트리아의 정신과 의사이자 로고테라피 창시자인 빅터 프랭클Viktor Emil Frankl은 "빛을 밝히려면 불타는 것을 감수해야 한다."고 말했다. 내가 진정 원하는 삶을 사는 것은 아마도 내 안의 빛, 잠재력, 강점, 가치를 찾고 그걸 발휘하며 사는 일일 것이다. 그리고 이를 위해서는 내 안의 피가 솟구치는 공간, 장소, 행위, 생각 등을 찾아갈 용기가 필요하다. 아무리 작은 시도를 할지라도, 내 안의 빛을 발견하기 위해서는 부딪혀 금이 가고 깨져야 하는 부분이 분명히 찾아온다. 지금까지 나를 규정하고 있던 과거의 온갖 것들이 나의 일거수일투족에 영향을 미치고 있음을 깨닫는 순간, 두려움과 싸워야 하기 때문에 깊은 좌절과 실망감에 시달릴 수도 있다. 심하게 요동치는 마음을 마주하는 것이 오히려 어색하고 부담스러울 수 있다. 하지만 그 과정이 바로 빛을 발하기 위해 우리가 감수해야 할 최소한의 몫이다.

나에게 가장 큰 의미를 주고, 피가 솟구치는 순간을 선물한 '의도된 행동'은 작은 상담실을 연 것이었다. 나는 마치 하루살이처럼 매일 매일 새로운 날을 살아야 했고, 그럴 수 있도록 의미를 부여하고 또 조금씩 달라져야 했다. 다시 편안함 속으로 되돌아가고 싶은 충동이 수도 없이 일어났다. 뜨거운 내가 되는 삶이 달콤하고 아름다울 것이라는 환상을 가지고 있다면 경계해야 한다. '엄마'나 '아내'라는 수식을 깨고 '나'의 삶을 살겠노라고, 마흔에 제2의 인생을 마주하겠노라는 것은 익숙함의 품에서 벗어나 가슴 뛰는 일을 탐색하는 용기를 낸다는 말이기 때문이다.

2장 낡은 인생의 계획표를 수정할 것

행복은 완성된 후에 느끼는 것이 아니라
평생의 과정을 통해 얻는 경험의 일부이다.

과거 그리고 미래와 아름답게 이별하라

"어머, 얼굴은 어떻게 변했을지 몰라도 목소리는 그대로다. 이게 얼마 만이니? 벌써 애가 고1이라니. 세월 참 빠르네……." 정말 오랜만에 듣는 목소리였지만 엊그제 만난 사이처럼 친숙했다. 우리는 지나온 세월을 잊은 듯 한참 수다를 떨었다. 졸업 이후 뿔뿔이 흩어져 각자의 일터와 가정에서, 결혼하고 애 키우며 정신없이 사느라 서로 잊고 지낸 세월이 20년을 훌쩍 넘었다는 사실이 믿기지 않았다. 뛰어넘은 시간이 시간인 만큼 서로 반가운 마음을 감추지 못했다. 물론 지난 20년 동안 한 번도 보지 못하고 지내지는 않았지만, 어느새 중년이 된 현재의 시점에서 보니 모든 게 새로웠다. 그동안 어떻게 지냈는지 한마디로 축약하기가 쉽지 않다. 수많은 감정이 교차하지만, 그저 세월이 참 빠르다는 말밖에 나오질 않았다.

대학원 동기였던 영미는 상담일을 계속하고 싶었지만, 아이를 맡길 데가 없어 고민 끝에 결국 일을 그만두었다. 15년 넘게 경력이 단절된 상태로 자녀를 키우고 뒷바라지하는 데 몰두하며 지낸 것이다. 물론 간간이 일을 다시 시작해보려고 시도한 적이 있었다. 하지만 그때마다 아이들에게 신경써줘야 할 일이 생겼고, 아이들이 좀 더 크면 그때 하겠다고 미뤄두었다.

마흔의 누군가는 언젠가 꼭 다시 일을 시작해야지 굳게 마음먹었지만, 시간이 흐를수록 내 자리는 없을 것 같아 불안하고 초조하다. 아이들을 키우기로 결심한 자신을 위로하고 싶지만, 마음속에서는 자신의 능력을 펼치지 못하고 썩히고만 있다는 생각에 자괴감에 빠져든다. 사회가 경력 단절 여성을 환영해주고 지지해주는 환경도 아니니, 설사 우연히 다시 시작할 기회가 온다 해도 과연 할 수 있을까 의심스럽고, 자신감이 바닥을 쳐서 들어온 기회를 스스로 차버리기도 한다. 과거의 꿈과 희망은 온데간데없고, 의욕도 상실하고 자부심도 잃어버린 그냥 평범한 아줌마로 낙인찍는다. 이제 내 인생도 끝났구나 싶어 깊은 우울과 무력감에 빠져들 수도 있다. 대부분이 아이가 유치원에 들어가면 내 일을 시작하겠다고 결심하지만 둘째를 임신하게 될 수도 있고, 아이가 초등학교에 들어가면, 중학교에 들어가면 하겠다고 결심했던 것들도 그때마다 결심을 뒤집을 상황과 사건들이 생겨 주저앉는다. 스스로의 욕구를 챙기는 것보다는 늘 가족이 먼저일 텐데, 엄마가 신경 쓸 일이 어디 끝이 있던가? 영미는 올해 둘째가 중학생이 되자 뒤로 미뤄두었던 일을 시작해볼까 생각했지만, 이젠 어디서부터 어떻게 해야 할지 엄두가 나질 않는다고 했다. 되돌릴 새도 없이 빠르게 흘러 가버린 15년이라는 세월이 야속하기만 한 것이다. 내 꿈과 내 청춘들은 어디로 갔을까?

❧

　45세라는 나이로 마지막 사법고시에 합격한 박종현 씨가 화제였다. 그는 15년간 신림동 고시촌에 살면서 한마디로 청춘을 다해 꿈을 이룬 것이다. 그의 이야기는 나이 탓, 상황 탓을 하면서 꿈을 뒷전으로 생각해버리는 수많은 이들에게 큰 감동과 동기를 부여했다. 긴 시간을 오로지 한 가지 꿈만 바라보며 포기하지 않고 도전한 그의 모습은 일상에서의 작은 도전에도 온갖 그럴듯한 핑계를 대면서 쉽게 포기해 버리기 일쑤였던 나를 돌아보게 했다. 단 하루, 한 시간이라도 내가 원하는 바를 정확하게 인지하고, 그것에 골몰해 보았는지, 한두 번 시도해 본 경험을 두고 '해보니까

안 되더라, 역시 무리야 무리.'라고 단정 짓지는 않았는지, 손해 보는 일은 하기 싫다며 머릿속에서 끊임없이 계산기를 두드리면서 도전을 망설이고 있지는 않았는지……. 많은 생각들이 순식간에 번져나갔다.

물론 누구에게나 사정이 있게 마련이다. 각자의 상황이나 현실을 무시하고 시간이 얼마나 걸리든 상관없이 무조건 꿈을 위해 달려야 한다고 주장하고픈 것이 아니다. 하루 1시간이라도 나를 위해 투자하는 행위가 생각보다 그리 어렵고, 사치스러운 일이 아니라는 말을 하고 싶다.

오로지 자신만을 위한 시간을 낸다는 것은 어려운 일이다. 특히 어린 자녀를 키우고 있는 엄마는 온 신경이 자녀를 향해 가 있고, 해도 해도 끝은 없고 티도 안 나는 집안일로 온종일 주의가 분산된다. 아침에 눈 뜨면 뭘 해 먹어야 좋을까하는 고민부터 시작해 날씨가 좋은 날에는 이불 빨래라도 해야 하나 싶고, 아이들 보낼 학원 정보를 찾고 같은 물품이라도 공동구매를 해서 저렴하게 살 수 있는 방법을 고민하는 등 늘 머릿속은 신경 써야 할 잡다한 일로 가득하다. 많은 여성의 마음은 현재에 머물 여유가 없이 늘 미래를 향하고만 있다. 항상 준비하고 신경 써야 할 것들이 주변에 널려있기 때문이다. 여기에 시댁일이나 친정일까지 겹치면 몸이 열 개라도 모자랄 만큼 정신없다. 그러니 스스로를 위한 시간을 낸다는 말이 비현실적이고 사치스러운 일로 여겨질 수밖에 없다. 하지만 반대로 '이건 다 부질없는 일이다.'라고 계속 생각하다 보니 마음마저 생각을 따라가게 된 것은 아닐까? 내가 처한 현실이 그렇다고 해서 나 자신을 놓치고 살아야 마땅한지, 자신을 잊고 살아온 세월 뒤에 남는 것은 무엇일지 다시 한 번 생각을 고쳐놓고 마음의 소리에 귀 기울인다면, 나를 위한 1시간이라는 시간이 외려 아깝게 여겨질 때가 반드시 온다.

❧

이문세의 단독 콘서트가 있는 날이었다. 30년 전 작았던 소녀들이 다시 깨어나 함께 울고, 웃으며 노래를 불렀다. 객석을 꽉 채운 40~50대의 여성들은 마치 빠르게 흘러가는 세월을 되돌려 10대 소녀로 돌아간 것처럼 보였다. 그녀들은 어릴 때 좋아했던 별밤지기 이문세의 녹슬지 않은 입담과 노래를 듣는 순간, 오랜 세월 잊고 있던 '나'를 마주하는 경험을 했을 것이다. 나 역시 그 순간 마음 깊숙이 숨어 있던 소녀스러운 감성과 열정이 부글부글 끓어오르는 것을 느꼈다. 옛날의 내가 가족과 일상에 파묻혀, 세월에 휩쓸려 멀리하며 지낸 지금 나의 마음을 위로해주는 듯했다.

나는 그 날 뜨겁게 살아있는 에너지를 보았다. 자기 자신을 만나는 순간 느껴지는 에너지. 비록 콘서트 현장을 떠나는 순간, 일상이라는 현실로 돌아오면 모두 사라지는 것일지라도, 분명 우리 마음 깊숙한 곳에는 뜨거운 열망이 잠자코 있다. 그것은 사라진 것이 아니다. 언제가 되었든 끌어올려지고 불태워질 때를 기다리고 있는 것이다.

༄

지나온 시간을 돌아보면 가족을 위해 아낌없이 내주었던 나의 세월, 나를 제쳐두고 아내로서, 엄마로서 가족의 욕구를 충족시키기에 바빴던 나날들이 보인다. 그것이 내가 줄 수 있는 사랑이고 본분이라며 당연한 것으로 여겨왔을 수도 있다. 열심히 잘 살아왔노라하는 자부심이 들 수도 있으나 흘려보낸 세월이 아까운 마음, 열심히 살긴 살았는데 남은 게 없고 허탈한 심정이 든다면 당신에게는 온전히 자신만을 위한 시간이 주어질 필요가 있다.

1시간 동안 혼자만을 위한 시간을 가져보는 것이다. 젊을 때 즐겨 들었던 음악을 듣거나 영화 〈타이타닉〉의 명장면을 다시 보는 일 또는 인상 깊었던 책을 서너 쪽 씩 재독하는 일 등 내 안에 있는 에너지를 상기시키는 시간은 심리적 안정과 활력을 제공한다. 그것을 통해 자기 사랑의 첫걸음을 시작할 수 있다. 더 나은 삶을 살기 위한 든든한 뿌리, 즉 단단한 마음의 고양을 꾀할 수도 있다. 조금 달라져야 할 때이다. 더 이상 '나'라는 사람의 가치를 추억만 더듬으며 콘서트 현장에서나 느낄 수 있는 것이라고 단언하지 말자. 무엇을 하며 어떻게 살든 시간은 어차피 죽 흘러간다. 누구에게나 똑같이 주어진 시간, 비슷하게 남겨진 시간을 어떻게 보낼 것인지는 우리의 선택이다. 흘러가는 시간에 매달려 갈 것인지 아니면 온전히 내가 원하는 대로 시간을 보낼 것인지 선택해야만 한다.

길을 떠날 땐 뒤돌아보지 말고 가라

옛날 어떤 마을에 인색한 장자가 살았다. 베푸는 거라고는
눈곱만큼도 모르는 사람이었다. 어느 날 한 스님이 그 집에 찾아
와 시주를 청하지만, 장자는 벌컥 화를 내면서 바랑에 쇠똥을 퍼
넣고서 스님을 집 밖으로 내쫓는다. 그 모습을 지켜본 장자의 며
느리는 마음이 안 좋아서, 몰래 쌀을 퍼 담고 스님을 쫓아가 시주
를 올리며 죄송하다고 사죄한다. 스님은 며느리를 물끄러미 바라
보더니 "길을 떠나서 뒷산 고개를 넘어가시오. 그래야 삽니다. 길
을 갈 때 어떤 일이 있어도 뒤를 돌아보면 안 됩니다."라고 말한다.
며느리는 스님이 말한 대로 집을 떠나 뒷산 고개로 향했다. 한참
을 가고 있는데 뒤에서 요란한 소리가 들려왔다. 세상이 다 무너
지는 것 같은 소리였다. 그 순간 며느리는 스님의 말을 어기고 뒤
를 돌아보고 만다. 장자가 사는 집터가 벼락에 맞아서 물에 잠겨

들고 있었다. 뒤돌아 그 모습을 본 며느리는 그 자리에서 그대로 돌로 변했다고 한다. 지금도 마을에는 장자가 살던 집터에 생겨난 연못과 며느리가 변한 바위가 남아있다고 전한다.

✑

이 며느리의 이야기는 모든 사람의 이야기이기도 하다. 새로운 삶을 위해 떠나고 싶은 심정은 크지만 여러 가지 두려움과 미련에 자꾸 뒤돌아보고, 결국 떠나려는 마음을 접고 주저앉게 되는 우리네 마음을 표상한다. 우리는 모두 저마다의 인생이라는 길 위에 서 있는 여행자와 같다. 어떤 이는 떠나고 싶지만 엄두를 못 낸 채 길 위에 멈추어 서 있을 수 있고, 어떤 이는 떠날 채비를 하고 있을 것이다. 또 다른 이는 이미 길을 떠나 새로운 길에 접어들었을 수도 있고, 아니면 떠나왔지만 확신이 서지 않아 계속 뒤돌아보며 머뭇거리는 이도 있을 것이다. 반드시 멈추어 있다고 편안하고 만족스럽지만은 않을 테고, 떠나기 전이든 이미 길을 떠나와 있든 놀라움이나 두려움, 죄책감, 외로움, 의구심과 절망감이 계속 우리 앞을 방해하기도 할 것이다. 행동하지 않을 때와 행동했을 때 느끼는 감정이 이처럼 비슷하다면, 행동하지 않을 이유가 없다. 길을 떠나기 위해서는 모든 것을 뿌리치고 앞으로 나아가야 한다.

그래야 새로운 삶이 펼쳐지는 것이다. 당신이 저 장자의 며느리라면 어떤 선택을 할 것이며 뒤를 돌아보게 하는 것이 있다면 그것은 무엇일까?

～

나는 글을 쓴다는 새로운 길을 선택했을 때, 막연한 희망과 설렘을 품고 꼭 변화하겠다고 시도했지만, 첫 마음과 달리 조금씩 의심과 두려움이 생기면서 익숙하고 편안했던 삶으로 되돌아가고 싶은 충동이 들어 멈칫할 때가 많았다. 이는 새로운 시도를 하는 사람이라면 누구나 겪는 아주 자연스러운 현상이다. 하지만 어느 길이든 끝까지 가보지 않으면 알 수가 없는 일이다. 진정 떠나고자 한다면, 중간에 멈추는 한이 있더라도 돌아보지는 말아야 한다.

신동흔 작가는 사람들을 '소설형 인간'과 '민담형 인간'으로 분류하였는데, '소설형 인간'은 사색과 고뇌의 인간형으로 생각과 고민이 많아 선뜻 움직이지 못한 채 스스로를 벽에 가두고, 문제에 대면하기도 전에 미리 불안과 공포에 휩싸여 주저앉는 특징을 보인다. 반면에 '민담형 인간'은 행동과 낙관의 인간형으로 생각을 하기 전에 몸부터 움직이는 인물을 말한다. 그들은 이리저리 돌아볼 것도 없이 길을 떠나서 앞으로 나아간다. 참으로 단순하고 무모해 보이지만 마음먹은 즉시 행동으로 옮기는 실행력이 뛰어난 것이다. 나는 더 따져 물을 필요도 없이 100% '소설형 인간'이었다. 그리고 뭔가 나아지기 위해 새로운 도전을 할 때는 작은 움직임일지라도 실행이 답이라는 것을 마흔을 넘어 깨달았다.

‿

세계적인 석학이자 스탠포드 대학의 심리학 교수인 캐롤 드웩 Carol Dweck은 인생을 바꾸려면 마인드셋(마음가짐, 태도)을 변화시켜야 한다고 주장했다. 그녀는 인생을 살아가는 태도를 '고정 마인드셋'과 '성장 마인드셋'으로 설명하였는데, 그는 대부분의 사람들이 더 나은 삶과 성공을 원하지만, 원하는 바를 모두 이루지 못하는 이유가 바로 고정 마인드셋 때문이라고 말한다. 즉 인간의 자질, 인성이나 재능은 변하지 않는다는 믿음이 성취하는 삶과의 거리를 멀게 만든다는 것이다.

아무리 노력해도 자신의 한계와 운명은 정해져 있고, 그 이상의 무언가가 이루어지는 일은 불가능하다는 믿음이 우리의 변화를 방해한다. 길을 떠나고자 하는 이들이 가장 경계해야 할 이 마음가짐은 우리에게 끊임없이 속삭일 수 있다. "얼마나 달라지겠어? 꿈 깨! 아무나 성공하는 게 아니야. 그건 극소수의 특별한 사람들의 얘기지. 너처럼 평범하고 게으른 아이가 뭘 하겠다고 그래? 가만히 있으면 중간이나 가지……."

　반면에 성장 마인드셋은 스스로 노력해서 얼마든지 자신을 계발하고 발전시킬 수 있다는 믿음을 말한다. 캐롤 드웩은 수십 년의 연구 끝에 교육, 비즈니스, 스포츠, 예술을 비롯한 인생 모든 분야에서의 성공에는 성장 마인드셋이 결정적인 요소로 작용하였음을 확인했다. 이는 성공한 사람은 특별한 재능이나 성공할 만한 유전자를 지니고 태어났기 때문에 우리와는 다른 사람들이라고 단정 짓는 오류를 지적한다. 시도해보기도 전에 한계를 상상하고, 나의 능력과 자질을 과소평가하는 일을 지양해야 하는 것이다.

　장자의 며느리처럼 길을 떠났다가 뒤돌아보는 일이 없도록 당신의 마음가짐을 성장형으로 돌려놓는 것이 중요하다. 그러기 위해서는 길을 떠나기 전에 계속해서 뒤돌아보게 만드는 당신만의 요소는 무엇인지 점검해 볼 필요가 있다. 그것은 대체로 오래된 신념과 낡은 습관일 수 있다. 현재에 안주하고 싶은 마음과 앞으로 나가봐야 지금보다 나아지지 않을 것이라는 예단, 마흔까지 이어온 삶이 곧 내 삶이라는 생각과, 마흔에 변화를 꾀했다가는 사회의 눈총을 살 수도 있다는 고정관념 등이 있다. 이보다 많은 '생각'의 장애물들이 당신의 앞길을 끊임없이 가로막을 것이다. 그러나 새로운 길을 떠나고자 한다면 새롭게 짐 가방을 꾸려야 하듯이, 마흔의 전환점을 치고 나가기 위해서는 새로운 마음가짐이 반드시 필요하다!

공허한 삶으로 도피하는 습관을 버려라

요즘같이 빠르게 변하는 세상을 살면서 바쁘지 않은 사람이 얼마나 있을까. 설사 바쁘지 않더라도 남들 눈에는 바빠 보여야 하는 세상을 살아가고 있다. 가희 씨 역시 겉보기에 상당히 바쁜 일상을 살고 있었다. 전업맘이지만 딸아이 학교 행사는 물론이고 교회, 학부모, 도서관 봉사 등 각종 모임에 참여하느라 하루도 집에 있을 날이 없다. 또 누가 도와달라고 하거나 만나자고 부르면 거절을 한 적이 없었기에 집으로 돌아와서는 거의 탈진 상태가 되곤 하였다. 집안일을 하거나 아이와 놀아주고 공부를 봐줄 시간도, 가족들 저녁을 챙길 에너지조차 남겨두지 않는 이유를 묻자, 혼자 집에 있으면 너무 우울하기 때문이라고 했다. 그래서 무슨 일을 만들어서라도 밖으로 나가는 게 습관이 되었다는 것이다.

또 다른 전업맘 선영 씨는 가희 씨와 다르게 너무 한가해서 아침에 남편과 아들을 다 보내고 나면 잠을 자는 게 습관이 되었다. 잠을 자도 계속 쏟아지고, 뭘 해보려는 의욕도 생기지 않아서 종일 늘어져 있다가 아들과 남편이 돌아올 때 되어서야 몸을 일으킨다. 이런 나날이 반복되다 보니, 자꾸 늘어나는 몸무게만큼 마음도 무거워졌다. 그녀는 그런 자신이 너무 보기 싫고 혐오스러워서 더욱 우울해진다고 하였다.

위에서 본 가희 씨와 선영 씨는 언뜻 보기에는 달라 보이지만, 좀 더 깊이 들어가 보면 삶의 중심에 '나' 자신이 빠져있다는 것을 알 수 있다. 자녀가 어릴 때는 아이들 중심으로 일상을 돌리느라 늘 시간에 쫓겨 지치기 일쑤지만 그 바쁜 틈새를 타고 자괴감이 밀려 들어오는 순간이 있기 때문에 마음이 허하고 우울해지는 것이다. '나'로서가 아니라 누군가를 위해 존재한다는 그 부담감과 책임감에 짓눌려 갑자기 '나'라는 존재를 잃어버릴 것 같은 불안감이 스멀스멀 올라온다. 미래에 대한 희망보다는 지루하고 고단한 지금 이 순간이 영원히 지속될 것 같은 두려움과 막막함이 삶을 무기력하게 만든다. 그렇다 해도 내 손길과 사랑이 절실한 어린 자녀를 키우는 순간만큼은 내 존재의 필요성을 자각하기에 고단한 삶에 단비 같은 위안이 찾아온다고 느끼는 것이다.

하지만 자녀가 자라서 초등학교 고학년이 되고 사춘기에 접어들면, 아이를 중심으로 정신없이 돌아가던 일상에 서서히 공백이 생기기 시작한다. 그렇게 귀찮게 굴던 아이가 어느새 혼자 있으려고만 하거나 친구와 어울리려 하고, 내가 해주는 음식보다는 친구들과 밖에서 사 먹는 음식을 더 좋아하게 된다. 그 공백이 커지면서 불현듯 텅 비어있는 '나' 자신과 만나는 순간이 찾아오는 것이다. 나 역시 그럴 때가 있었다. 혼자 덩그러니 남겨져 있다는 생각에 한없이 우울하고 무기력한 날이었다. 남편은 회사로 딸은 학교로 매일 같이 갈 곳이 정해져 있는데, 나만 갈 곳도 없이 집을 지키고 있는 신세가 마치 주인이 오기만을 기다리는 개가 된 것처럼 보잘것없고 초라해 보였다. 남편은 열심히 일해서 진급하고, 딸애도 매년 새 학년으로 올라가는데, 나는 눈에 보이는 성과도 없고 늘 똑같은 자리만 맴도는 것처럼 느껴졌다. 더 이상 남편과 딸애의 성장이 내 삶에 위로가 되지 않았다. 그래서 나는 중국어 공부를 손에서 놓질 않았고, 교민들을 위한 상담 및 교육 프로그램들을 끊임없이 진행했다. 그것은 '나'를 놓치지 않기 위한 처절한 선택의 결과였다.

ও

누구나 불현듯 마주한 '나' 자신이 너무 지질하고 못나 보이면,

이를 외면하고자 탈출구를 찾는다. 누구는 바깥으로, 누구는 자녀에게 더 집착하는 쪽으로, 누구는 잠으로, 누구는 술로, 누구는 쇼핑으로 말이다. 물론 '나'를 위협하는 이 공백의 크기를 얼마나 크게 인식하느냐에 따라 탈출구를 찾으려는 시도도 달라진다. 대개의 마흔 여성은 설사 겉으로는 아무렇지 않아 보일지라도 내면에서는 줄곧 허전하고 정체 모를 갈증에 시달리게 된다.

당신은 또 어떤 탈출구를 찾고 있으며 무엇으로부터 그렇게 도망가려 하는가. 세상 안에서 내 존재의 필요성을 찾지 못하고 공허한 일상으로 도망치려 한다면, 점점 더 멀리 가버리기 전에 '나'에게로 돌아와야 한다. 아무리 좋은 탈출구가 있다 하더라도 그 중심에 내가 빠져있다면 공허의 갈증은 영원히 해소되지 않을 것이기 때문이다.

❧

겉보기에 삶을 즐기면서 멋지고 여유롭게 사는 전업맘으로 보일지라도, 그들을 따로 만나 속 얘기를 들어보면 하나같이 자신의 삶에 큰 만족을 느끼지 못하고 있는 경우가 허다하다. 마흔 이후의 삶에 공허함과 무료함, 허탈감을 느끼는 경우는 직업 유무를 불문하고 동일하다. 이러한 삶을 혹시 중년의 위기라고 부르는 사람은 없었으면 좋겠다. 많은 여성이 경험하는 이러한 심리적인 고통은 단순히 중년의 위기라는 틀로 설명할 수 없다. 오래전부터 심리학자들은 중년을 위기로 바라보지 않고, 삶의 새로운 영역을 개척할 수 있는 전환점으로 보았다. 지금까지 인생의 전반전을 열심히 뛰어왔다면, 이제는 인생의 후반전을 준비하는 작전타임이 필요한 것일 뿐이다. 어디로 흘러가는지 목적지도 방향도 모른 채 남들 가는 대로 떠밀려가는 삶을 숨 가쁘게 달려왔다면, 숨을 고르고 삶의 방향을 재정비할 시간이 필요한 것이다. 물론 남들이 살아가는 대로, 사회가 원하는 대로, 대세를 따르는 것은 안전하고, 편안하게 느껴진다. 실제로 이러한 통속적인 생활이 안정적인 삶을 보장해줄 것이라는 착각을 일으키기도 한다. 하지만 인생의 전환점에 이르러서도 그냥 흘러가는 대로만 산다면, 그건 삶의 목적이나 방향 없이, 정처 없이 떠돌아다니는 방랑자나 다름없다. 그 방랑의 끝에 무엇이 있을지, 어디에 다다르게 될지는 아무도 모른다.

보기 싫고 두렵더라도 내 안에 깊이 숨기고 싶은 지질함과 아무리 채워도 채워지지 않는 갈증과 공허를 피하지 말고 만나볼 용기가 필요하다. 그 지질함과 갈증들이 스스로 부족하고 못났다고 여기는 자기 폄하에서 비롯된 것인지, 아주 오랜 시절 동안 학습된 두려움에서 비롯된 것인지 그 정체를 정확히 알아야 하기 때문이다. 이러한 평가와 두려움이 모두 일상으로의 도피를 위한 명분임을 인정하고 내려놓아야, 현재의 나를 제대로 바라볼 수 있고 자신의 욕구를 깊이 이해할 수 있으며 욕구를 충족시킬 수 있는 긍정적이고 현실적인 방법들도 찾을 수 있다.

편안한 일상과 약간의 거리를 두어라

자신을 위한 소비는 젊을 때나 중년일 때나 고령일 때나 평생을 걸쳐 필요한 일이며, 의식적으로 노력해야 하는 일이기도 하다. 우리의 삶은 누구의 것도 아닌 '나의 인생, 나의 삶'이기 때문이다. 그렇다고 매일을 그렇게 살라는 이야기도 아니며, 명품이나 값비싼 물건으로 치장하라는 말도 아니다. 일상이 보다 풍요해질 수 있다면, 생각보다 자주 자신을 위한 소비를 누려도 된다는 뜻이다.

⤳

나는 평소 나를 꾸미거나 치장하는 데 큰 관심이 없을뿐더러, 외모를 가꾸는 데 돈을 잘 쓰지 못하는 편이었다. 오죽하면 친구들로부터 물욕이 없다는 소리를 들었을까. 나의 소비 습관은 필요한 물건만 사고, 또 한 번 산 물건을 오랫동안 이용하는 편이어서 굳이 여러 개를 살 필요도 없었다. 나의 이런 금욕적인 소비 습관 때문에 나는 중국을 떠날 때 남들은 다 사서 귀국한다는 그 흔한 진주 세트와 캐시미어 하나 없고, 귀국 선물용으로 내 것까지 포함해서 산 짝퉁 가방 하나가 전부였다. 막상 돌아와 보니 가끔 꾸미고 외출해야 할 때 '진주 목걸이와 귀걸이가 있으면 좋았을 걸.' 하는 생각에 약간 후회스럽기도 하다.

나는 '나 자신을 위한 아름다운 사치'와 거리가 먼 사람이었으나 최근 들어 조금씩 시도를 해보고 있다. 비싸지만 잘 한다는 미용실에 가서 염색과 컷, 그리고 펌을 동시에 하고 온 적이 있다. 주변 사람들의 반응도 반응이었지만, 나는 그저 새롭게 변신을 시도한 것 자체에서 뿌듯함을 느꼈다. 그리고 레스토랑에 가서 먹고 싶은 음식이라면 비싸더라도 주문해서 먹고, 분위기 좋은 카페를 찾아가서 카푸치노를 마시며 혼자만의 시간을 여유롭게 즐길 수 있을 만큼 나 자신을 위한 소비가 자연스러워진 것이다. 이밖에도 가끔 마사지로 몸과 마음을 이완시키는 일, 네일숍에 가서 손톱을 정리하는 일도 작은 즐거움을 준다. 물론 누군가에게는 너무 쉬운 일일지도 모른다. 하지만 가족을 위한 소비가 우선인 여성에게는 이러한 소비 행위가 말 그대로 '사치'라고 여겨질 수 있다. 여기서 중요한 것은 이와 같은 소비가 잠깐의 자기 위로, 쾌락, 또는 과시를 위한 일로 그치지 않아야 한다는 것이다. 그러한 소비는 외로움이나 공허감을 메우기 위한 과소비에 불과하기 때문이다. 그 시간이 자신의 일상에 활력을 불어 넣어주고, 삶의 기쁨과 충족감을 준다면 그러한 사치는 나를 위해 반드시 필요한 일이 된다.

〜

　공지영 작가의 《딸에게 주는 레시피》는 엄마 공지영이 딸 위녕에게 전해주고 싶은 이야기를 그에 어울리는 간단한 요리 레시피와 함께 담아 편지 형식으로 전달한다. 그중 인상적이었던 것은 혼자서 먹을 때 절대 대충 먹지 말고, 상에 예쁜 식탁보를 깔고 간단한 요리라도 와인과 함께 마셔볼 것을 권했던 부분이다. 결국 자기 자신을 아끼고 소중히 여겨야 한다는 말이다. 나도 매일 같이 하기는 어렵지만, 가끔 그렇게 해보곤 한다. 꼭 소중한 누군가를 초대해서 음식을 대접할 때만 상을 차릴 필요는 없다. 나를 향한 작은 성의만으로도 스스로가 대접받고 있다는 것을 깨닫게 해준다.

　사람들은 모두 자신을 위한 아름다운 사치를 누릴 자격이 있다. 자신의 가치와 품격을 높이고 자신에게 베풀 기회를 제공해라. 자신에게나 타인에게 줄 수 있는 최고의 선물은 시간이다. 가족을 위해, 사랑하는 이를 위해 기꺼이 시간을 내어 함께 있고자 하는 사람이라면, 그 시간을 자신에게도 주는 것이다.

선영 씨는 초등학교에 다니는 두 아들을 둔 전업맘이었는데, 도무지 자신을 위한 시간을 낼 수 없다고 호소했다. 매일 아침 아이들이 학교에 가고 나면 집안 청소를 하느라 오전 두 시간을 보내고, 오후에는 장을 보거나 아이들 간식을 만드느라 드라마 한 편 볼 시간도 없다고 했다. 게다가 늦게 퇴근하는 남편 대신에 두 아들의 아버지 역할까지 하느라 하루가 빠듯하다는 것이다. 그녀는 아이들을 위해, 행복한 가정을 위해 최선을 다하는 사람이었다. 그녀가 심리학 수업에 참여하게 된 계기도 자신의 부족함을 메워서 완벽한 엄마, 완벽한 아내가 되기 위해서였다. 그랬던 그녀가 어느 순간 자신에게 집중할 수 있는 공간과 시간을 떠올리게 되었다. 아이들을 재우고 난 뒤 고요한 밤에 따뜻한 화장실에서 혼자만의 시간을 보내기로 한 것이다. 혼자만의 시간을 보내고 난 다음 주에 그녀를 다시 만났을 때의 표정을 잊을 수 없다. 화장실이 그렇게 아늑하고 편안할 수가 없다고, 적당한 조명에 향초까지 피워 분위기를 달리했고 변기 아래 폭신한 러그를 새로 깔고, 작은 책장을 마련하여 읽고 싶은 책으로 꾸미고 보니 그럴듯한 독립

공간이 되었다며 아이처럼 좋아하던 것이다. 그녀에게 화장실은 자신만의 소담한 장소가 된 셈이었다.

～

이처럼 집에서 혼자 할 수 있는 소소한 것으로도 일상을 환기시키는 일은 얼마든지 가능하다. 좋아하는 잡지나 책을 읽는다든지, 좋아하는 프로그램을 보거나 라디오 혹은 팟캐스트 방송을 듣는 일도 있다. 그때 나를 위해 향기로운 차나 커피를 준비하고 달콤한 쿠키를 곁들이는 것도 좋다. 반드시 잘해야 할 필요는 없고, 내 적성을 찾으려 하거나 취미를 살려서 돈을 벌어보겠다는 목적과 의도도 필요 없다. 정말 가볍게 내가 해보고 싶은 것을 시작해보는 것이다. 나에 대한 이야깃거리가 풍성해질 수 있다면 무엇이든 관계없다. 일상에서의 편하고 익숙한 모습을 잠깐 내려놓고, 나를 좀 더 새롭게 경험시킬 것이라면 무엇이든 좋다. 내 나이에 특별히 새로울 것도 없고, 웬만해선 설레지도 않는다면, 그만큼 편안한 삶을 살고 있다는 것일 테니 무딘 자신을 너무 탓하지 마라.

대신에 몸에 익숙해진 방식을 바꾸는 것이다. 공지영 작가가 말한 것처럼 혼자 있다고 집에서 편안한 운동복만 입고 있지 말고 다소 불편하더라도 잠시 예쁜 옷을 입고 있는 것, 외출할 때 주로 자가용을 이용한다면 대중교통을 이용하거나 걸어보는 것도 방법이다. 같은 음식 재료라도 조리법을 다양하게 사용한다면 새로운 맛을 만들어낼 수 있지 않을까? 이처럼 우리의 일상에 널려 있는 작은 자극들을 새롭게 구성할 수 있다면 삶의 이야깃감을 풍족하게 수확할 수 있다.

나이를 탓하며 체념하는 자세를 경계하라

우연히 라디오에서 흘러나오는 배철수의 MBC 캠페인 '세상은 커다란 학교입니다'에 귀를 기울였다. 우리는 태어나서 죽을 때까지 세상이라는 학교에서 인생을 배우고 성장하는 학생이다. 배우고 싶은 것만 골라서 배우는 게 아니라, 세상은 예상치 못했던 것이나 전혀 배우고 싶지 않은 것도 가르쳐준다. 배울 게 있다, 없다 판단할 겨를도 없이, 무엇이 되었든 그 속에서 배울 수 있는 교훈을 찾아내라는 혹독한 시험대와 같다. 배울 점이 있는지, 없는지의 판단은 감히 우리가 할 수 있는 몫이 아니라는 듯 우리의 섣부른 생각을 비웃기도 하고, 때로는 뒤통수치기도 한다. 그러나 사람들은 흔히 자신이 꽤나 이성적이고 합리적인 판단을 하고 있다고 착각한다. '이렇게 하면 다들 좋아하겠지.', '이렇게 하면 아이들이 잘 자랄 거야.', '이렇게 하면 좋은 아내 좋은 부모가 될 거야.',

'이렇게 하면 성공할 거야.' 그리고 이러한 판단은 역시 자신만의 착각이었음을 한참 후에나 깨닫는다.

&

인간은 그다지 합리적이고 이성적인 동물이 아니다. 자신의 직감이나 믿고 싶은 신념대로 판단하기 일쑤이며 잘 판단한 것이라 착각하며 산다. 나이가 들수록 고집이 세지고 스스로의 논리에 갇혀 꼰대로 전락하게 된다. 그 착각 속에 빠져, 배움의 필요성을 더 이상 느끼지 못할 때가 오히려 삶이 매너리즘에 빠지게 되는 순간일 수도 있다.

스스로 설정한 목표를 향해 꾸준히 노력하는 일은 '성취'라는 소기의 목적 달성뿐만 아니라, 삶의 질 전반을 높이는 일에 일조한다. 이것이 우리가 평생 배우고 성장해야 하는 이유다. 배우고 성장하고 싶은 욕구는 인간이라면 누구나 가지고 있는 지극히 보편적인 욕구이다. 유명 정치학자 벤저민 바버Benjamin Barber 역시 "세상은 강자와 약자, 또는 승자와 패자로 구분되지 않는다. 다만 배우려는 자와 배우지 않으려는 자로 나뉠 뿐이다."라고 말하며 배움의 욕구를 충족시키면서 사는 삶의 중요성을 강조하였다.

노화에 관한 고전적 이론가 파울Paul Baltes과 마그레트 발테스

Margrete Baltes는 계속해서 목표를 설정하고 집중해서 따라갈 때 노년기까지 건강과 행복이 유지된다고 하였다. 늦었다고 체념할 것이 아니라 지금이라도 우리가 원하고 바라는 꿈을 꾸고, 꿈을 이루려고 노력하는 것이 우리의 삶에 얼마나 중요한 것인지 다시 한번 상기할 필요가 있다. 행복은 완성된 후에 느끼는 것이 아니라 평생의 과정을 통해 얻는 경험의 일부이다.

평생 배워야 한다고는 하지만 문득 어떻게 배워야 하는지 궁금해질 때가 있다. 지식과 지혜는 다르다. 무엇을 배우느냐 못지않게 배우는 자세 역시 중요하다. 배울 수 있는 것들은 지천에 널려있다. 하지만 우리는 배움의 기회가 부족함을 핑계 삼고, 불평한다. 누가 하루를 그냥 날려버리든, 충실히 살아가든 세상은 모두에게 공평히 매일 같은 하루를 준다. 새로운 것을 배우고 성장할 기회를 누구나 매일 제공 받는 셈이다. 절대 어제와 똑같은 날이 아니다. 하루를 얻는 것은 어제와 다른 오늘을 살 기회를 받는 것이다.

❦

〈사랑의 블랙홀〉은 기상캐스터인 필 코너빌 머레이, Bill Murray라는 주인공이 똑같은 하루를 무한 반복하는 체험을 통해 깨달음을 얻고 180도 변화되는 모습을 그린 코미디 영화다. 매일 반복되는, 별 볼 일 없는 일상을 어떻게 받아들이느냐에 따라, 하루하루가 선물이 될 수도 있고 지옥이 될 수도 있다는 것을 보여준다.

배곯지 않는 시대를 살아가는 우리는 편안함과 안락함에 길들여져 있다. 누구나 변화를 필요로 하고 해가 바뀔 때마다 새해 목표와 실행 계획들을 짜지만, 언제 그랬냐는 듯이 이룰 수 없는 계획만 영원히 남기는 실수를 반복한다. 당장 변화하지 않으면 안 될 만큼 아주 절박한 상황이라면 모를까, 이상적인 계획을 당장에 누릴 수 있는 편안함과 쉽게 바꾸지 못한다. 그만큼 편안함의 유혹은 매우 강렬하고 끈질겨서 우리가 무언가 새로운 것을 배우고 시도하려 할 때마다 걸림돌이 된다.

뭔가 새로운 자극이 필요하고, 다시 호기심을 가지고 세상을 살고자 다짐할 때 주변에서는 흔히들 "굳이 그렇게 힘들게 살 필요 있어? 사서 고생이지."라는 말을 한다. 나는 이런 이야기를 들을 때마다 욕심 많은 스스로를 탓하면서 편안한 삶이 아름다운 것이라는 자기 위안으로 나의 굶주린 갈망을 억누르기에 바빴다. 하지만 그럴 때마다 성장이 아니라 정체되는 기분을 떨칠 수가 없었다. 몸과 마음이 편하다는 것이 절대적 행복을 가져다주지는 않기 때문이다.

일본 나가노에 사는 77세 할아버지(탓수오 호리우치)는 유튜브에서 엑셀을 이용해 그림을 그린다. 주로 문서 작성을 위해 사용하는 엑셀로 그림을 그리려고 했다는 사실도 놀랍지만, 그림 자체가 정말 믿을 수 없을 정도로 정교하고 아름다웠다. 그는 젊은 시절부터 그래픽 아트에 관심이 많았음에도 그래픽 소프트웨어가 워낙 비싼 탓에 구입할 엄두를 못 냈고, 대신에 엑셀을 이용하여 그림을 그리기로 했다고 한다. 더욱 놀라운 점은 그가 이 새로운 도전을 꿈꿨던 시기가 60세였는데, 이전에 엑셀을 사용한 적이 한 번도 없었다는 것이다. 그는 실제로 무모하다거나, 늙어서 쓸데없는 일을 한다는 놀림을 당한 적도 있다. 하지만 꾸준한 도전 끝에 2006년 엑셀 아트 콘테스트에서 1등을 차지했다. 한 번도 사용한 적이 없는 프로그램을 배우고 손에 익히는 데까지 얼마나 꾸준히, 얼마나 오랜 시간 정성을 쏟아야 했을까? 포기를 모르는 그의 집념과 꾸준함 앞에서는 누구도 겸손해질 수밖에 없을 것이다. 그의 단순하지만 강한 열망과 실행력이 그를 최고로 이끌었다.

여전히 "지금 시작하면 언제 끝날지도 모르잖아요. 하다가 중간에 그만두면 안 하느니만 못하죠. 이제 와서 그거 배운다고 어디에 쓸 수 있을까요? 쓸데없이 돈 버리고 시간 버리는 일이 될 바엔 안 하는 게 나아요. 배운다고 잘 할 수 있을까요?"라고 말하고 싶다면, 탓수오 호리우치 할아버지를 떠올려라. 배우고 싶은 일이 얼마나 걸릴지, 얼마나 잘 할지의 견적을 내지 않는 마음이 필요하다. 배움의 행위는 나이와 무관함에도 불구하고 배우려는 마음을 먹는 것 자체에 나이를 운운하는 것은 초콜릿을 먹는 행위에 '초콜릿은 어린 아이나 먹는 거지.'라는 편견을 부여하는 일과 다를 바 없다.

인생의 속도를 줄여라

프란치스코 교황은 젊은이들에게 "소셜미디어나 TV 속 '가짜 인생'의 유혹에 빠지는 대신 진정한 삶의 주인공이 돼라."고 말했다. 어디 젊은이들뿐일까. 요즘 소셜미디어의 영향에서 자유로운 사람이 몇이나 될까? SNS에 자신의 일상을 담은 사진과 글을 올리는 게 유행이 되면서 모두가 보이는 '나'에 현혹되어 있는 듯하다. 프란치스코 교황은 "자신의 역사에서 주인공이 되고 스스로 미래를 결정하라."라는 말과 함께 "'리얼리티'라는 가짜 이미지에 빠지지 말라."고 경고했다. 우리는 종종 진짜가 아닌 만들어진 캐릭터에 열광하고, 가짜 이미지를 보며 위로받고 희망을 키운다.

꽃

나는 나의 일상을 드러내는 일에는 더더욱 취미가 없다. 이런 나와는 달리, 주변을 보면 여행을 갔다 왔거나 맛집을 다녀왔거나 예쁜 옷이나 장신구를 샀다는 등 자신의 일상을 알리는 글과 사진을 올리는 사람이 의외로 많다. 물론 자주 만나지 못하는 지인들을 위해 나의 존재를 알리면서 소통할 수 있는 통로가 되어준다는 점에서 기술의 발달에 놀라지 않을 수가 없고, 이런 세상을 살아가는 것이 축복으로 여겨질 때도 있다.

하지만 대부분의 게시글이 자기 자랑으로 일관된다는 것을 발견했을 때는 또 얼마나 안타까운지 모른다. 물론 자신의 불행을 알리고 싶은 사람이 몇이나 되겠는가. 자랑하는 게 나쁘다는 것이 결코 아니다. 때로는 눈살 찌푸려질 만큼 유난스럽게 보일 때도 있다는 것이다. 오로지 '나, 이만큼 누리며 행복하게 살고 있어.'라고 남과 경쟁하듯이 글을 올리고 있다는 생각마저 들게끔. 사람들의 인정과 피드백에 중독이나 된 것마냥 부러움을 불러일으킬 만한 이야기로 자신의 세상을 도배한다면, 결국 본래 자신의 모습을 잃어버리고 사람들과의 진정한 교류는 멀어지게 될 수도 있다. 그것은 자신을 보여주고 싶은 이미지로 포장하는 것에 불과하기 때문이다.

왜 그렇게 보여주려고 전전긍긍하는 것일까? 우리는 어떻게 하면 행복해질까를 끝도 없이 궁리한다. 멀리 있는 '행복'이라는 물건을 손안에 넣기 위해서 사람들은 가히 필사적으로 노력하고 있는 것이다. 그러나 행복은 소유할 수 있는 것도, 소유해야 하는 물건도 아니다. 또한 만들어 내거나 쟁취해야 하는 어떤 것도 아니다. 꾸며낼 수도 포장할 수도 없다.

차라리 애쓰기보다는 가만히 멈춰서 느끼는 것이 낫다. 발버둥 치느라 흙탕물이 되어버린 강물을 그냥 내버려 둔 채 현재 그 자리에서 모든 행위를 멈추고 서 있어보자. 그러면 발버둥 치느라 보지 못했던 강물 속을 더 선명하게 볼 수 있고, 몸에 닿는 물결의 감촉도 느낄 수 있을 것이다. 혹 나도 어디를 향해, 무엇을 위해 가는지도 모른 채 발버둥 치며 살았던 것은 아닌지 자문해보는 것이다.

"속도를 줄이고 인생을 즐겨라. 너무 빨리 가다 보면 놓치는 것은 주위 경관뿐이 아니다. 어디로, 왜 가는지도 모르게 된다."라는 에디 캔터Eddie Cantor의 명언은 속도가 중요한 게 아니라 방향이 중요한 것임을 일깨워준다. 학업도, 취업도, 연애도, 결혼도, 육아도, 성공도, 행복도 심지어는 자기 계발까지도 경쟁하듯이 앞만 보고 무작정 달려가고 있는 건 아닌지 묻고 싶다.

많은 여성이 행복한 가정 만들기를 목표로 가족을 위해 아낌없이 주는 나무가 된다. 나도 다르지 않았다. 딸애가 아프면 모든 게 정지되고 아이에게 헌신하지만, 정작 내가 아플 땐 충분히 마음 놓고 아파하지도 못했다. 아니 아플 틈도 없었다. 한번은 딸애가 심한 감기에 걸려 등교도 못하고 하루 종일 집에 있었던 적이 있다. 한국에서는 병원이 많아 골라갈 수도 있고, 진료비도 저렴한 편인 데다가 진료 절차도 간단하여 아플 때 무조건 참는 것보다 병원부터 가는 게 상책이다. 하지만 중국에서는 아파도 병원에 가는 게 쉽지 않다. 병원 진료 시스템이 허술하고 의료 기술도 부족할 뿐만 아니라 진료비도 비싸서 선뜻 병원에 가기가 꺼려진다. 또 입소문이 난 병원은 두 시간 정도 기다리는 것을 감내해야 하는 경우도 있다. 그래서 웬만하면 한국에서 가져온 감기약을 먹거나 민간요법으로 버티기 일쑤였다. 딸은 며칠 밤잠도 설치고 일주일 정도 앓고 난 뒤 회복되었는데, 쾌차의 기쁨도 잠시 딸이 나아지자 곧이어 남편이 감기에 걸리고 만 것이다. 딸만큼 챙길 일은 없었지만, 감기에 좋다는 차를 달여서 수시로 대령했던 기억이 난다.

2주째를 넘어서자, 인내심은 바닥을 드러냈다. 평일이고 주말이고 할 것 없고, 아플 틈도 없이 행복한 가정을 위해서 아낌없이 주는 나무를 자진해야 하는 신세를 한탄하면서 마구 불평을 쏟아내었다. 결국 나는 그간 행복한 가정을 위해, 좋은 엄마와 아내가 되기 위해 '아낌없이 주는 나무'라는 가면을 쓰고 살았던 것이다. 그 순간, 결혼 전 남편을 따라 시부모님을 처음 뵙고 오는 날에 남편의 입을 통해 들었던 시어머니의 말씀이 떠올랐다. "애가 착하긴 한데 독기가 없어 보여."라는 말씀이었다. 엄마가 되면 독하고 강해야 한다는 그 말에 사로잡혀 죽을 듯 애씀으로써 내가 얻은 것은 행복감이 아니었다. 남은 건 뼛속 깊이 스며있는 자괴감과 무력감이었다.

⁓

《퍼즈》의 저자 레이첼 오마라Rachael O'Meara는 그동안 앞만 보고 쉼 없이 달리느라 소진된 사람들에게 자신의 인생에 일시 정지 버튼을 누를 것을 제안한다. 일시 정지는 의도적으로 행동을 변화시켜 태도와 사고, 감정 등 정신적인 변화를 이끌어내는 것을 말한다. 레이첼 오마라는 "누군가를 배려하는 것만큼 중요한 일은 바로 '자신'을 배려하는 것이다."라고 말한다. 마흔이 되어 각자 서 있는 위치에서 주어진 역할을 소화해내느라 혼신을 다해 달려온 여성에게도 일시 정지가 필요하다. 인정하고 싶지는 않아도 그동안 타인의 눈에 보기 좋은 가면을 썼든, 모두의 행복이라고 믿고 스스로 만들어낸 가면을 썼든 우리는 가짜 인생을 살아내느라 정말 많은 시간과 정성을 쏟은 것이다.

겉으로 보여지는 성취와 내면에서 느껴지는 느낌이 다르다는 것을 알아차릴 때면 '세상이 내게 요구하는 대로 열심히 살아왔는데, 이게 뭐지? 왜 마음이 전혀 즐겁지 않고 허전하지?'라는 내면의 소리가 들린다. 이러한 느낌은 웅크린 내면의 내가 '자신으로 돌아오라.'고 울부짖는 것이다. 그럴 땐 그 자리에서 스톱stop을 외치고 내면의 울음을 반겨 맞아줄 준비를 해야 한다.

하루가 당연한 것이라는 생각을 버려라

당신에게 오늘은 어떤 날인가? 어제와 별반 다를 것 없고, 내일과도 크게 다르지 않은 오늘, 아무 이름도, 아무 의미도 없는 오늘을 90세가 된 칼럼니스트 레지나 브렛Regina Brett은 '가장 특별한 날'이라고 명명했다. 현재의 소중함은 몇 번을 강조해도 유의미하다.

"인생을 청강하지 마라. 지금 당장 앞으로 나와 인생을 최대한 활용하자…… 촛불을 켜고, 좋은 침대시트를 쓰고, 근사한 속옷을 입자…… 그런 것들을 특별한 날을 위해 아껴두지 마라. 오늘이 바로 가장 특별한 날이다."

과거에 대한 회한과 미래에 대한 불안으로 하루의 소중함을 놓치고 살아가는 우리들에게는 생생하게 존재하고 있는 지금 이 순간에 집중하고, 현재에 충실하면서 유연하게 살아갈 힘이 필요하다. 지루하고 무료하지만 그것이 일상이겠거니 하며 하루를 대충 흘려보내지 마라. 잠시라도 일상을 떠나본 사람들은 안다. 일상은 늘 나와 함께 숨 쉬는 공기와도 같아서 그 소중함을 못 느끼며 살 때가 많지만 떨어져 보면 가장 그리운 것이 그 작은 일상임을 말이다.

낯선 땅 중국에서 외로운 나를 위로해주었던 것은 신기하게도 사람이 아닌 나의 소지품들이었다. 정말이다. 남편은 회사로 아이는 학교로 가고, 빈집에 혼자 있다 보니 '내가 왜 여기 와 있지? 여기서 뭘 하는 거지?'라는 의문이 들면서 내 정체성이 흔들렸다. 그때 나를 따라 기꺼이 하늘을 가르고 바다를 건너 함께 와준 나의 소지품들이 다르게 보이기 시작했다. 특히 삼시 세끼 챙겨먹을 때마다 만났던 식기와 수저, 냄비와 같은 낡은 주방용품들은 나와 함께 한 오랜 세월만큼이나 좋은 벗임에 틀림없었다. 너무 오래되고 너무 익숙해서 언제나 나와 함께 존재할 것이라고 당연하게 여겨왔던 일상의 모든 부분들을 돋보기로 확대하여 자세히 들여다 보거나 새로운 시각으로 본다고 가정하면 모든 것이 낯설게 느껴질 것이다.

　며칠 연속으로 미세먼지의 폭격을 맞았다. 미세먼지의 농도가 보통수준으로 떨어진 어느 날 저녁 8시가 넘어 마트에 가려고 나왔는데 그간 휑하기만 했던 공원에 제법 많은 사람들이 산책을 하거나 운동하고 있는 것을 발견했다. 미세먼지로 뿌연 하늘만 보다가 간만에 하늘에 떠 있는 맑은 달을 보면서, 안심하고 길게 호흡을 하던 참이었다. 그것이 얼마나 반갑고 감사하던지. 맑은 하늘을 보고 깨끗한 공기를 마음껏 들이마실 수 있다는 것이 얼마나 큰 선물인지를 곱씹어 생각했다. 마음껏 걸어 다닐 수 있다는 즐거움, 밖에서 뛰어놀거나 자전거 타는 아이들, 파워 워킹을 즐기는 부부들, 강아지를 데리고 산책 나온 사람들의 모습을 오랜만에 보니 세상 정겹고 아름다워 보이기까지 한 것이다.

　삶의 소확행을 실천한다는 것은 어찌 보면 일상의 작은 것까지 소중히 생각하고, 감사하며 사는 것에 해답이 있을 수 있다. 일상은 나의 역사가 그대로 숨 쉬고 있는 삶의 현장이다. 그러나 일상을 바꾸는 것은 부단한 노력이 없다면 쉬운 일이 아니다. 그렇다고 변화하겠노라 대단한 결심을 하고 너무 애쓰면서 가면 쉽게 지치게 되어있다. 대단한 결심을 하게 되면, 끊임없이 최선을 다하고 있는지 스스로를 평가하는 감옥 안에 또 갇히게 될 수 있기 때문이다. 자연스럽게 숨 쉬듯이 가는 것이다. 숨 쉬는 일은 누구나 하는 것이지만, 자신이 어떻게 숨을 쉬고 있는지 관심을 가지고 지켜보는 사람은 별로 없다. 일상을 대하는 태도 역시 마찬가지이다. 일상을 허비하는 것은 인생 전체를 허비하고 있는 것이나 마찬가지다. 우리가 당연시하는 순간, 일상은 단조롭고 권태로운 것이 된다. 권태를 사랑하는 것보다, 일상을 소중히 하는 것이 조금 더 쉬운 지름길일 수 있다. 이 순간 감사한 것을 떠올려보라. 분명한 것은 감사하면 할수록 감사한 일이 더 늘어난다는 것이다.

"오늘은 내 남은 인생의 첫날이다."

센트럴파크의 어느 벤치에 누군가 새겨놓은 낙서다. 당신은 오늘을 특별하다고 말할 자격이 충분히 있고, 그저 그런 평범한 날이라고 가볍게 넘길 자유도 있다. 온전히 당신의 선택이다. 오늘부터 그날에 걸맞은 제목을 지어 보자.

2부

여자 마흔, 시작해야 할 것

3장   남은 에너지를 나에게 쏟을 것

인생의 오후는 물론,
석양을 바라보는 순간까지도
인생이란 어렵고 배울 것투성이인,
영원한 미스터리일지도 모른다.

인생의 오후를 준비하라

"인생의 아침 프로그램에 따라 인생의 오후를 살 수는 없다. 아침에는 위대했던 것들이 오후에는 보잘것없어지고 아침에 진리였던 것이 오후에는 거짓이 될 수 있기 때문이다."

-칼 구스타프 융

어쩌면 우리는 누가 시키지 않았음에도 불구하고, 인생의 아침 프로그램을 충실하게 따르면서 지금의 시간을 살고 있을지도 모른다. "내가 원하는 삶이 아니에요.", "꿈이요? 이 나이에 무슨 꿈. 난 이제 시들어가는 꽃인 걸요. 애들이라도 꿈을 찾아가게 뒷바라지 해줘야죠.", "남은 인생을 어떻게 살아야 할지 모르겠어요.", "지금껏 열심히 살아오긴 했는데 앞날을 생각하면 사실 겁나고 막막해요. 그래도 별수 있나요? 그냥 사는 거죠." 우리 주변 어디에서

나 들을 수 있는 익숙한 이야기이다.

여자 마흔, 우리는 이제 겨우 삶의 오전을 살았고 우리에게는 남은 절반의 생이 있다. 우리의 오래된 신념과 가치관, 우리의 삶을 갉아먹고 있던 낡은 습관들을 포함해서 정리할 것은 정리하고, 인생의 오후를 새로운 마음으로 맞아야 한다. 삶의 변화는 전적으로 어떤 마음으로 맞이하느냐에 따른 우리의 태도에 달려있다. 인생의 아침 프로그램을 점검하고, 그대로 가져갈 것과 버려야 하는 것을 정리하는 것이다. 칼 융은 마흔의 위기를 일종의 자기 치유 과정이라고 보았다. 마흔의 위기감을 마음이 병들었다는 증거로 보는 것이 아니라, 오히려 마음이 건강하다는 증거로 봐야 한다는 것이다. 지금까지의 삶을 되돌아보며 이대로는 안 되겠다는 마음에서 위기의식이 생기고 불안과 혼란스러움에 휩싸인다면, 이러한 마음은 삶의 변화와 재조정이 필요할 때, 인생의 보다 적절한 균형을 찾으려고 시도할 때가 되었다는 자연스럽고 건강한 신호인 것이다.

나를 잃어버린 것 같은 상실감 역시 좀 더 의미 있고 행복한 삶을 살기 위해 필요한 건강한 신호이다. 마치 때가 되면 뱀이 허물을 벗듯이, 마흔 이후의 우리도 오래된 각질을 벗고 새살이 돋도록 자기 탐색에 나서야 한다. 이제 우리의 남은 여정을 위해 오랫동안 짊어졌던 불필요한 짐은 다 내려놓아야 한다.

지나가 버린 인생의 오전을 바라볼 때 어떤 생각과 기분이 드는가? 당신이라면 잘 살아온 자신의 어깨를 두드리며 "수고했어."라는 말을 할 수도 있다. 또 어떤 이들은 걸어온 길을 되돌아보며 후회하고, 아쉬웠던 일을 되새김질 할 수도 있다. 그립고 안타까운 기억들도 떠오를 것이다. 남들처럼 열심히 살아왔지만, 왠지 모를 허탈감이 몰려올 수도 있다. 아니면 '그때는 참 좋았는데, 지금의 내 꼴은 왜 이 모양일까?'라고 한탄하기도 한다. 우리는 되돌릴 수 없다는 사실을 알면서도 자꾸 과거를 곱씹어보고 회한에 잠긴다.

그런데 과연 인생의 커다란 방향과 비전을 가지고 달려온 사람이 몇이나 될까? 인생의 오전 시간 속 우리는 세상을 경험하고 배우기에는 너무 어리고 미숙하지 않았을까? 그건 누구의 탓도 아니다. 어쩌면 삶의 오후는 물론, 석양을 바라보는 순간까지도 인생이란 어렵고 배울 것투성이인, 영원한 미스터리일지도 모른다. 지금 우리가 할 수 있는 것은 막연하게 프로그래밍 된 채로 살아가는 미숙한 삶이 아니라 '어떻게 살 것인가.'에 대한 성찰이다. 나의 목소리에 귀 기울인다면 조금 덜 후회스러운 오후가 되지 않을까?

마흔이 되어서야 보이는 것을 떠올려라

"나이가 들어서 그런지 사소한 일에도 서럽고 화가 나네요. 언제부터 생겼는지 늘어가는 주름을 보면 거울 보기가 겁나요. 자꾸 깜박하는 일이 많아지니 벌써 치매가 온 게 아닌가 싶고요. 마음과 달리 몸이 따라주지 않으니 서글프네요. 남편은 대화도 안 되고 이미 남의 편이 된 지 오래고요. 자라나는 아이들을 보면 나는 늙었다는 생각에 울적해지네요." 상담을 오는 마흔 여성들에게 자주 듣는 이야기다. 결혼하고 이제껏 정신없이 달려오다 보니, 문득 훌쩍 커버린 아이들을 마주하면 어느새 내 청춘은 갔고, 이제 내리막길인가 싶은 생각에 서글픔이 밀려올 때가 있다. 갑자기 마주한 내 모습에 소스라치게 놀라기도 하고 안쓰럽기도 하다. 청춘도 아니지만, 그렇다고 늙었다고 보기에도 어려운 애매한 내 모습 말이다. 다 쏟아내어 소진되고, 이젠 껍데기만 남아버린 것 같아 헛헛하다. 젊음, 자유, 성취, 개성 등 '나'를 표현할 수 있었던 모든 것을 잃어버렸다는 상실감에 마음이 푹 가라앉기도 한다.

그런데 과연 잃어버린 것만 있을까? '나'를 한정했던 것을 잃어버렸을지언정, 더 확장되고 더해진 '나'도 있음을 인정해야 한다. 아내, 엄마, 며느리, 딸의 역할이 '나'라는 존재를 가렸다고만 생각할 게 아니라, 다양한 맥락에서 다르게 존재하는 '나'가 출현한 것이라고 생각해보자. 다양한 맥락에서 살펴볼 수 있는 '나'는 분명히 이전보다 확장되었고 유연해졌다. 그동안 나라고 알고 있었던 '자기'가 축소된 것이 아니라, 살아가면서 만나는 사람들과 각기 다른 역할로 만나고 어울리면서 더 포용하게 되었다면 그것은 더 큰 '자기'로 확장된 것이라고 볼 수 있다.

∽

30대만 해도 남들에게 듣는 최고의 칭찬이 "결혼하셨어요? 미혼으로 보여요. 아이 있는 여자로 안 보여요."였다면, 40대가 되니 어디를 봐도 중년이 된 모습을 조금은 편안하게 받아들이게 되었다. 의도한 것도, 노력한 것도 아니고 서서히 아주 자연스러워진 현상이다. 아직도 믿어지지 않을 때가 많고 솔직히 평소 나이를 의식하면서 살지 않기에 내 나이를 밝힐 때 오히려 민망하고 쑥스럽다. 나도 마흔을 훌쩍 넘긴 나이가 마냥 반갑지만은 않다. 그렇다고 해서 너무 싫거나 끔찍한 것도 아니다. 젊을 땐 상상도 하지 못했던 마흔이 되고 나서야 알게 된 것도 많으니 말이다.

쫓기듯 정신없이 질주했던 20, 30대와 달리 어느 정도 여유와 안정을 찾은 것도 사실이고, 신혼 초에 사소한 일들로 엄청 싸웠던 남편과도 많이 편안해졌고, 아이도 크게 손이 가지 않을 만큼 자기 일 알아서 하는 나이가 되었으니 결혼 후 이렇게 여유 있기가 쉽지 않다. 비록 연세 드신 양쪽 부모님 건강 상태나 재정 상태로 신경 쓸 일이 많아졌고 딸 아이 사춘기와 맞물려 조심해야 할 일도 많아졌지만, 어떻게든 잘 될 거라는 막연한 믿음과 배짱이 생긴 것도 사실이다. 여전히 세상살이가 만만치 않고 한 치 앞도 내다볼 수 없는 불확실성에 불안해 하지만, 정답을 찾아 고민하고 방황하던 젊은 시절보다는 한결 유연해졌다. 사람들을 보거나 삶을 바라보는 시선도 예전보다 많이 부드러워졌다. 둥글둥글해진 것이다.

그러나 '중년의 위기'라든지 '위기의 주부들', '갱년기 증상'이라는 말은 마흔을 긍정적으로 바라보기 힘들게 만든다. 뭔가 위태롭고 무너질 것 같은 불안감이 올라온다. 마냥 즐겁고 유쾌한 시기라고 말할 수는 없지만, 그렇다고 해서 정말 두렵기만 하고 절망적인 시기도 아님을 마흔이 된 이들은 알고 있다. 물론 때로는 현실에서 도망치고 싶기도 하고 홀로이고 싶은 마음도 간절하다. 그렇지만 마흔에게는 그동안 살아오면서 쌓인 내공과 경험을 통해 터득한 지혜가 무기가 된다.

오랜만에 만나는 사람이 하는 "세월 참 빠르네, 그래도 넌 그대로야. 어쩜 하나도 안 달라졌니?"라는 영혼 없는 청찬은 대체로 공허하다. 젊음이란 돌려받지 못하는 것임에도 예전 모습 그대로이기를 바라는 얄궂은 마음은 마흔으로 살아가는 데 방해가 된다. 유아기에는 유아의 옷을 입고, 학생들은 교복을 입듯이 마흔에는 마흔에 맞는 옷이 있다. 그리고 마흔의 옷을 잘 차려 입을수록 당신은 점점 더 멋있어질 수 있다. 잃어버린 청춘을 돌려달라고 한탄하는 일은 그만하는 것이 좋다. 주름지고 늘어진 피부를 부정하고, 유행하는 옷들을 마구잡이로 입는다고 청춘으로 돌아갈 수 있는 것은 아니다. 자신을 가꾸지 말라는 뜻이 아니라, 잃어버린 것에만 집착하여 다른 아름다운 면면을 가리는 실수를 하지 말자는 것이다. 영화 〈시인의 사랑〉의 대사처럼 젊음이 함부로 아름답다면, 마흔의 당신은 진실로 아름다울 수 있다.

내 안의 답을 발견하라

변화와 도전, 성공을 꿈꾸는 사람들이 많다. 변화와 도전이라는 시대의 키워드를 빌려 '성공하려면 이렇게 해야 한다. 이렇게 변화를 시도하라.'라는 식의 조언은 넘쳐난다. 그러나 마르셀 프루스트 Marcel Proust는 그의 소설 《잃어버린 시간을 찾아서》에서 이렇게 말했다. "진정한 탐험의 여정은 새로운 경치를 찾는 데 있는 것이 아니라, 새로운 시각으로 보는 것에 있다."

인생이라는 여정도 마찬가지다. 더 나은 인생을 위해, 보다 새롭고 근사한 것을 찾아 방황하고 있다면 스스로가 가진 시각부터 달리해야 한다. 아무리 좋은 말이라고 해도 변화의 출발이 내 안에서 비롯된 것이 아니라면 모든 것은 빛 좋은 개살구일 수밖에 없다.

준호 씨는 지금까지 부모나 선배가 이끌어 주는 대로 진로를 선택했다. 문과 체질임에도 불구하고 부모의 권유대로 취업을 위해 이공계로 진학한 것이다. 전공 공부가 맞을 리 없었던 그는 아는 선배의 말에 따라 공무원 시험에도 도전해 보았고, 또 군대 고참의 조언으로 '교사가 되어볼까.'라는 생각도 해보았다고 한다. 하지만 제대 이후 복학을 했는데도 아무런 의욕이 생기지 않았고 당장 제출해야 할 과제조차 수행할 자신이 없을 정도로 무기력하다고 호소했다. 그는 지금까지 어떠한 결정도 스스로 한 적이 없다는 게 문제였다. 결국 상담실을 찾은 이유도 믿음직한 상담사가 대신 결정해주기를 바라는 심리가 크게 작용했던 것이다. 쉽고 빠른 길을 가려고 했던 것이 오히려 한 발자국도 나아가지 못하고 계속 제자리만 맴돌게 만들었음을 그가 깨닫기까지는 그리 오랜 시간이 걸리지 않았다.

혹시 당신도 신뢰할 수 있는 누군가가 자신을 이끌어 주길 기다리고 있지는 않을까? 아직은 때가 아니라면서 나를 일으켜줄 만한 '특별한 계기'만을 기다린다면 그 환상에서 깨어나야 한다. 인생의 무수한 보기 앞에 자유 의지로 한 선택이 아닌 삶을 어떻게 '나만의 삶'이라 말할 수 있을까.

상담을 하다 보면, 대부분이 과거의 삶을 돌아 보며 회한에 잠긴다. 지난했던 삶에 대한 고통을 쏟아내기 급급한 것이다. 그러나 단순히 후회와 한탄으로 점철된 회상은 의미가 없다. 과거를 돌아보는 일은 '내가 선택한 일'에 대한 책임에서 우러나오며, 앞으로는 다르게 살고 싶다는 의지와 달라지겠다는 용기를 낼 때 비로소 의미가 있다. 마흔 이후 삶의 변화를 얻기 위해서는 어떻게 살아왔는지를 되짚어 보되, 제3자의 눈을 가져야 한다. 멀찌감치 떨어져 오류를 찾아보고 바꿔야 할 부분을 냉철하게 고민해야 한다.

자식이 삶의 원동력이지만 나를 잃고 싶지 않았다는 태경 씨는 윤택하지 못했던 어릴 적 삶에서 벗어나 능력 있는 남편을 만났기 때문에 결혼 후에는 남부럽지 않게 살 수 있을 것이라 생각했다. 하지만 몇 년도 안 되어 찾아온 파산의 위기는 그녀가 가진 희망의 끈을 너덜너덜하게 만들었고, 그녀는 10년 넘게 경제적인 곤경에서 벗어나지 못했다. 안 해본 일 없이 닥치는 대로 일하며 생활했던 그녀는 의외의 말을 했다. 자신이 그저 자식만을 바라보며 살았다면 온전한 정신으로 이 상황을 버티지는 못했을 거라는 얘기다. 보통의 사람들과는 달리 가난 때문에 자녀와 떨어져 살게 된 순간까지도, 그녀를 버틸 수 있게 했던 건 다른 무엇도 아닌 '나도 잘 살 수 있다.'라는 소망이었다. 그러기 위해서라도 스스로 놓아버리면 안 된다는 집념이 그녀의 자존감을 굳건히 지켰다. 그녀는 옛날과 다름없이 낮에 온종일 서서 일하느라 다리가 퉁퉁 부어도 밤에는 자격증 공부를 손에서 놓지 않는다.

변화를 위해서는 내 자신을 먼저 살펴야 한다. 눈이 나쁠 때 시력을 교정할 수 있는 안경을 맞추는 것이 우선이지, 현란하고 요란한 안경테만 유행에 따라 바꿀 일이 아니라는 것이다. 위기가 곧 기회라는 말이 있다. 위기의 순간, 자신을 돌아보고 천천히 위기를 돌파해 인생역전에 성공한 사람들의 스토리를 보면, 우리도 뭔가 달라질 것을 결심해야 할 것 같지만 이내 그들의 이야기가 내 이야기는 아니라는 것을 깨닫고, "역시 쉽지 않아. 아무나 성공하는 것은 아니지. 그들은 특별했던 거야. 그만큼 절박한 상황도 아니고, 위기라고 말할 상황도 아니야. 나와는 차원이 달라."라고 푸념한다. 그러나 많은 이들이 놓치고 있는 것 중 하나는 대단하지 않은 '위기'에서도 특별한 '기회'가 생길 수 있다는 것이다.

ⸯ

나는 다른 건 몰라도 피부는 좋은 편에 속했다. 2013년 무렵, 늘 뿌옇고 회색빛이었던 하늘이 실은 안개가 아니라 미세먼지였음을 알고 경악을 금치 못했다. 한번은 미세먼지농도가 500을 넘어 휴교하는 사태까지 벌어졌다. 최악의 사태를 경험한 이후에는 공기에 극도로 예민해졌고, 그때부터 습관처럼 매일 아침 미세먼지 농도를 확인하게 되었다. 게다가 피부 알레르기까지 생겨 거의 2년 동안 얼굴이 확 뒤집혔다가 좀 가라앉는 일이 반복되다 보니, 까칠하고, 예민해질 수밖에 없었다. 몸의 다른 부위도 아니고 하필이면 얼굴이라니……. 면역력이 떨어져서 그런가? 환경 변화 탓인가? 딸 아이 전학 문제로 스트레스를 심하게 받았었나? 별별 질문을 해가면서 원인을 찾기 위해 온종일 신경을 곤두세웠다. 원인을 밝혀내야만 답을 찾을 수 있을 것이라 여긴 탓이다. 나는 아주 가까운 사람이 아니라면 만나는 일도 꺼리면서 바깥출입을 자제했다. 외부자극에 쉽게 반응하는 극도로 '민감한 피부' 때문에 외부로부터 나를 차단하기 시작했던 것이다. 나는 이 세상 누구보다도 불행한 사람이 되어 있었다. 외부와의 단절은 오히려 내게 큰 스트레스가 되어 돌아왔다. 좌절과 불안이 그야말로 독이 되었던 것이다.

3년 이상을 알레르기 피부염과 함께 살아온 나는 예전에 좋았던 피부와는 달리, 잡티와 흉터가 많아졌다. 그래도 3년 전 심각했던 때를 떠올리면, 지금 이 순간이 얼마나 감사한지 모른다. 그 이후로 내 몸을 아끼고 건강을 돌보는 일을 최우선으로 할 만큼 내게는 좋은 변화가 생겼다. 나는 피부염이 피할 수 있는 문제가 아님을 알게 된 후로 감추었던 나를 드러내고, 피부와 상관없이 사람들을 적극적으로 만나기 시작했다. 내 일을 보다 적극적으로 홍보하리라 마음먹었고, 들어오는 일을 꺼리지 않고 했다.

나는 답을 찾으려고 끝까지 문제에 매달리는 대신, 방향을 조금 틀어 내가 원하는 삶이 무엇인지 끊임없이 질문하고, 하나씩 시도했다. 삶의 전환이 일어난 것이다. 혹시 지금도 인생의 정답을 찾아 헤매고 있는 건 아닌지, 남들이 쏟아놓는 해법들을 여과 없이 흡수하고 그들처럼 살려고 애쓰고 있는 건 아닌지. 물론 남들의 경험과 지식을 귀담아듣고 지혜를 빌려서 내 삶이 더 만족스럽고 윤택해지면 다행인 것이다. 하지만 그게 정답이라고 믿고, 맹목적으로 따르려고 애쓰다가 내가 저지른 것과 같은 전착(展着)의 실수를 하지는 않았으면 좋겠다.

언제나 답은 이미 내 안에 있다는 것을 알면서도 실천하지 않는 이유는 많은 사람들이 더 나은 답이 있을 거라는 착각에, 외부로 시야를 돌리고 있기 때문이다. 또는 스스로에 대한 믿음이 부족해서 어떤 방향으로 가야 할지, 무엇을 해야 할지 모르고 자꾸 누군가에게 기대고 싶기 때문이다. 남이 정해준 길이라면 최소한의 위험만 감수하면 될 것이고, 설사 잘 안 되더라도 책임을 피할 수 있으니 얼마나 편한가?

좀 더 나 자신에게 솔직해져야 하고 스스로를 믿어야 한다. 그리고 이렇게 질문해보는 것이다. '네가 원하는 게 무엇이니? 지금 넌 어디로 가는 거니? 네가 가려던 길 맞니? 왜 이 일을 하는 거니?'라고 말이다. 스스로 내린 답이 틀릴까 봐 두려워하지 말자. 어차피 정답은 없다. 언젠가는 삶의 방향을 틀어야 한다. 바로 지금이 그때인 것이다.

인생의 구멍을 메워라

얼마 전까지 다니던 직장을 그만두고, 거의 두어 달은 집 앞에 있는 작은 카페로 출근했다. 집에 있다 보면 늘어지기 쉽고 눈에 띄는 집안일을 해치우려고 할 것이 뻔했기에, 일부러 내 시간을 만들어 근처 카페를 찾은 것이다. 맛있는 카푸치노 향기에 매료된 탓도 있지만, 아침에 오면 사람들이 별로 없기 때문에 나만의 공간이라는 생각이 들고 기분이 좋아지고 집중도 잘 돼 금세 단골이 되어버린 탓이다.

하루는 이런 날도 있었다. 10시 30분 쯤 되자 사람들이 하나둘씩 늘어나더니, 어느새 내 주변으로 두 팀의 엄마들이 자리를 잡았다. 칼칼하고 흥분된 어조 덕분에 원치 않아도 그들의 이야기를 들을 수밖에 없는 상황에 처했다. 영어, 수학은 어느 학원이 좋다는 이야기부터 시작해서 얼마 전 학원 설명회에 가서 들었다는 자소서 얘기까지, 입시와 관련된 정보들이 거침없이 쏟아져 나왔다. '자소서', '생기부'라는 단어가 나오는 걸로 봐서 중고등학생의 자녀가 있는 학부모가 아닐까 생각했다. 나도 중3 딸을 둔 사람이기에 그들의 용어가 아주 생소하게 들리지는 않았던 것이다. 하지만 입시정보에 대해서 무지한 편인 나로서는 그들의 이야기는 들으면 들을수록 알 수 없는 불안감과 자괴감을 자아냈다. 내가 그들의 전투력에 기가 빨릴까 두려워 피하고 있는 것은 아닌가 하는 생각을 뿌리치지 못한 채 일어나 자리를 옮겼다.

함께 어울려 사는 세상에서 소속감과 친밀감은 아주 중요한 감정이다. 그들과 함께 있는 시간, 특히 오고 가는 정이 두터워진 사람들과 함께할 때는 서로 의지하고 공감할 수 있는 이야기가 많기에 나도 즐겁고 재미있다. 그러나 마구 쏟아지는 정보들을 소화도 못하는데 꾸역꾸역 담아 넣느라 진이 빠질 때도 많다. '도대체 무엇을 위해 저리도 열을 올릴까? 저 에너지를 자신한테 쓰면 얼마나 좋을까?'라는 생각이 저절로 드는 순간이었다. 나는 모임 뒤에 찾아오는 공허함과 피로감이 나 혼자만의 것인지 늘 의문이었다.

⟡

중국에서 본 카페들은 대부분 크고 넓은 것이 특징인데, 인상적이었던 점은 나이와 국적 상관없이 사람들이 모여서 함께 공부하거나 무언가를 배우는 모습을 볼 수 있다는 것이다. 선생님 한 분을 모시고 중국어나 영어를 배우는 사람들도 있었고, 꽃꽂이 수업이나 차 수업을 받는 사람들도 있었다. 카페를 배움과 나눔의 공간으로 활용하는 모습을 보면서, 나도 카페에서 마흔 여성을 대상으로 심리학 수업을 해야겠다고 마음먹었다. 나이와 상관없이 누구에게나 배움에 대한 니즈needs와 열정이 있다. 여성들이 가진 배움에 대한 갈증과 공허한 수다를 대신할 만한 그 무엇이 필요하다고 생각했다.

매주 화요일, 오전 10시. 나는 엄마들이 가장 활동하기 좋은 시간대에 심리학 카페 문을 열었다. 처음에는 어색함 때문에 쭈뼛쭈뼛 커피나 주스를 홀짝이면서 주로 듣고만 있던 여성들도 점점 분위기에 익숙해져 잠시나마 자신의 이야기를 꺼내기 시작했고, 시간이 갈수록 이야기를 나누는 시간도 길어졌다. 매일 만나는 친한 엄마들에게 차마 할 수 없는 은밀한 이야기를 이곳에서는 할 수 있기에 그들은 여기에 모였다. 그들은 이렇게 말했다.

"여기 나와서 함께 배우고 얘기하고 가면, 육아와 살림에 지쳤던 마음도 충전되고 또 일주일 동안 편안하게 지낼 수 있는 에너지를 얻고 가서 좋아요.", "사람들 앞에서 나의 생각과 감정을 말

해본 게 얼마만인지 모르겠어요. 나 자신을 위한 시간이 얼마나 필요한 건지 여기 와서 깨달았어요. 내가 진짜 원하는 게 뭔지 생각해보게 되고 마음이 채워지는 기분이 들어서 좋았어요."

❧

우리는 늘 수다가 고프다. 물론 함께 웃고 떠들면서 스트레스를 해소하는 모임도 중요하다. 하지만 사실은 자신의 이야기에 귀 기울여주고 함께 고민해주고 노력하는 든든한 지원군이 더 필요한 것이다. 동질감과 소속감을 느끼기 위해서, 남들 눈치 보느라 억지로 참여하는 모임, 또는 외롭고 무료해서 별 의미 없이 만나는 것이 일상이 된 수다 모임을 통해서는 혼자가 아니라는 얄팍한 안도감 이외에 그 어떤 갈증도 채워지지 않는다.

최근 들어 젊은이들 사이에 새로운 문화가 생겨났다. 과거 전문가들의 전유물이었던 강연이나 저술 활동이 이젠 온라인, 오프라인을 통해서 일반인도 얼마든지 자신의 배움을 나눌 수 있게 된 것이다. 블로그나 카페 활동을 통해 육아 정보와 경험을 공유하거나 숨겨진 재능을 발휘하는 사람들도 종종 볼 수 있다. 그 안에서 진짜 자신의 가치와 강점을 발견할 수도 있고, 정말 좋아하고 잘할 수 있는 것을 찾을 수도 있다. 경력 개발은 물론 자신의 숨은 잠재력을 발휘할 수 있는 자기 계발의 공간이 될 수 있다. 내 주변에는 그런 모임이 없다고 투덜거리는 것은 의미 없다. 더 이상 누군가가 모임을 만들어서 이끌어 주기만을 기다릴 것이 아니다. 마흔을 위한 '나답게 살자' 프로젝트에서 유미 씨는 "책 읽는 것을 좋아해서 독서 모임을 찾아다녔었는데 연령대도 다르고 원하는 책도 달라서 결국 내 구미에 맞는 모임을 찾지 못하고 포기하게 되더라고요. 이제 찾으려 하지 말고, 내가 읽고 싶은 책을 가지고 작게라도 독서 모임을 만들어야겠어요."라고 선언했다.

❧

특히 마흔을 넘기면 공허함이 생의 전반을 차지하게 된다. 무엇을 위해 살아왔는지 또 어디로 열심히 달려가야 하는 건지, 계속 달려가야 옳은 것인지…… 밑 빠진 독에 물을 붓고 있는 심정에 지금이라도 멈추고 싶지만, 멈추자니 불안하고 그대로 가자니 밑 빠진 독의 크기만큼 내 마음에 구멍이 뻥 뚫린 듯하다. 이러한 감정은 마흔의 정체성을 건드린다. '나'를 설명하는 모든 것, 삶에 대한 태도와 가치관, 신념들이 통째로 의문투성이가 되고, 믿고 싶은 대로 일관성 있게 살아온 삶을 부정하자니, 그동안 나라고 알고 있던 내가 누구인지 도통 알 수 없는 미스터리가 된다. 마음속에서 지진이 일어나는 것이다. 누구나 한결같은 것을 좋아한다. 예측 불가능하고 통제 불가능한 것은 피하고 싶어 한다. 이러한 감정들은 긍정적인 신호다. 지금까지 믿었던 것을 재점검하고 오류를 찾아 수정할 수 있다면 우리는 조금 더 생기있게 살 수 있다.

교류분석의 창시자인 에릭 번Eric Berne은 어린 시절 부모와의 관계를 통해 기본적인 삶의 태도(크게 긍정이냐, 부정이냐)를 가지게 된다고 말했다. 번에 의하면 어린 시절에 형성된 삶의 태도를 바탕으로 자신이 일생 동안 살아갈 인생 이야기, 즉 인생 각본이 만들어지고 이는 부모에 의해, 이후 일어나는 사건들에 의해서 정당화된다. 성장하면서 의심하거나 첨삭하는 일 없이 어린 시절에 쓴 자신의 인생 각본에 따라 평생을 살아간다는 것이다. 이 얼마나 끔찍한 일인가? 물론 이 인생 각본은 무의식적으로 형성된 것이라서 알아차리기 쉽지 않다만, 중요한 것은 그것이 아주 어린 시절에 만들어졌다면 허점투성인 것이 당연하고, 마흔 즈음에 와서 인생 각본이 '과연 믿을 만한가?'를 생각해보는 것은 너무나 타당한 일이 된다는 것이다. 마음의 공허함이 클수록 새로운 계획을 세울 힘도 커져가고 있다고 믿어보자. 이제 그 공허함의 에너지를 사용할 때가 되었다.

마흔의 자아를 확장하라

한때 회사에서 잘 나가는 디자이너였던 승희 씨는 결혼 후에 아이를 키우면서 양가감정을 느꼈다. 아이들을 사랑하지만, 너무 밉기도 한 것이다. 그녀는 어릴 때 부모를 따라 미국으로 이민을 갔고, 대학을 마치고 그곳에 있는 좋은 직장에 취직하여 소위 '승승장구'했다고 한다. 미국에 유학 온 남편을 만나 결혼을 했지만 남편의 사업 때문에 갑자기 상하이에 오게 된 이후, 그녀의 삶은 180도 바뀌게 되었다. 자부심이 넘치고 독립적인 마인드를 가지고 있던 그녀는 상하이로 오면서 남편의 사업을 돕고 아이 둘을 낳았다. 남들이 보기에 그녀는 슈퍼맘이었다.

하지만 육아와 일을 병행하기 어려운 시점이 찾아왔다. 큰 애가 초등학교에 들어가자 문제를 자주 일으켜 학교로 불려 다녀야 했고, 집에서도 동생을 크게 시샘하고 괴롭혀서 골치를 썩였던 터라

이참에 엄마 노릇 제대로 하기로 작정하고 일을 그만둔 것이다. 그녀의 표현에 따르면, 미국에서 연애했을 때와는 달리 남편은 아주 전형적인 한국 남자로 가부장적인 사고를 가지고 있는 사람이라고 했다. 그래서 일을 그만두겠다는 그녀의 결정을 은근히 반기는 듯해 보였다. 하지만 모든 일은 그리 호락호락하지 않았다.

직장에서 늘 인정받았던 그녀는 육아와 살림에서 뜻대로 되는 것도, 제대로 하는 것도 하나 없다는 생각이 들자 쉽게 좌절하고 말았다. 아이들과의 관계는 나아지지 않았으며, 남편도 그녀를 격려하기보다는 그녀에게 실망해 종종 비난을 하곤 했다. 그녀의 좌절감과 실망감은 가족들을 향한 분노로 쏟아지기 일쑤였다. 특히 남편이 사업을 핑계로 늦게 들어오는 일이 많아지면서 혼자 아이들을 보살펴야 한다는 생각에 외로움과 분노가 자주 치솟았다. 이로 인해 남편과의 마찰이 잦아졌고, 결국 이혼의 위기를 맞이하기에 이르렀다.

～

승희 씨의 이야기가 남 애기 같이 들리지 않는다. 그동안 쌓아 온 굳건했던 '나'의 모습은 사라지고, 어느 순간 '엄마'와 '아내'라는 새로운 이름의 옷을 입었을 때, 우리는 그 옷이 내게 맞는지, 어울리는지 곰곰이 생각해볼 겨를도 없고 준비와 선택의 여지도 없이 그냥 툭 건네 받는다. 그렇게 되면 그저 그 옷에 나를 끼워 맞추려고 낑낑거릴 수밖에 없다. 그러다 보면 어느 순간 서서히 내 옷이 되고 편안해질 수도 있지만, 동시에 예전에 '나'라고 여겼던 일부의 모습을 잃어버리기도 한다.

상담을 통해 승희 씨는 인정받고 싶고, 자유로워지고 싶다는 열망을 표출했다. 어릴 때 늘 똑부러지고 당찼던 그녀가 갑작스러운 환경 변화에 얼마나 힘들었을지 충분히 짐작된다. 결혼 전과 달리 그녀의 일상에서는 그녀가 가진 어떤 욕구도 제대로 충족되지 않았던 것이다. 물론 아이를 낳고 키우면서 느끼는 만족감과 보람, 그리고 엄마가 된다는 것이 다른 무엇과도 바꿀 수 없는 크고 특별한 선물일 수 있다. 그러나 그와는 별개로 늘 만족할 수 없는 다른 영역이 있는 것이다. 나의 잃어버린 부분 말이다. 그 부분이 꺼져가고 있으니 슬프고 불안하고 좌절할 수밖에 없다.

신혼 초에 꾸었던 꿈이 생생하다. 내가 에스컬레이터를 타고 올라가고 있는 장면이었다. 꿈속에서는 이젠 내리고 싶어도 내릴 수 없다는 사실에 막연한 불안이 덮쳐왔다. 결혼을 후회한다기보다는 결혼 이후 달라질 내 삶에 대한 깊은 두려움, 내가 잘 할 수 있을까 하는 의문, 그리고 마음에 들지 않더라도 이미 내린 결정을 다시 되돌릴 수 없을 거라는 생각에서 오는 슬픔과 체념이 반영된 것이라고 생각한다. 인생을 살면서 하나씩 역할이 늘어날 때마다, '나'를 잃지 않으면서 늘어나는 옷가지들을 모두 내 옷처럼 편안하게 받아들일 수 있다면, 얼마나 풍요로운 삶을 살 수 있을까?

∽

나자기, self에 관한 심리학 연구는, 나를 한두 개의 역할로만 규정짓는 사람들보다는, 다양한 생활 장면과 역할에 따라 변동 가능한 유연성을 지니고 있는 사람들이 설사 한두 가지 역할을 잘 수행하지 못하더라도 이를 완충할 수 있는 다른 부분에서 자존감을 회복한다고 말한다.

예를 들어, A씨는 오로지 집안일과 육아에만 전념하는 주부이고, B씨는 아이가 어려서 직장을 다니고 있지는 않지만, 집안일과 육아뿐만 아니라 문화센터에 나가 가죽 공예 수업을 받고, 배운 내용을 토대로 이웃 엄마들에게 재능 기부를 하면서 언젠가 가죽 공예 강사가 되고 싶다는 꿈을 가지고 있다. 그러던 어느 날 시어머니가 방문해서 "아이들을 왜 이렇게 키우느냐, 살림은 왜 이렇게 하느냐."고 트집을 잡았다고 치자. A와 B의 경우를 비교했을 때 스트레스를 덜 받는 쪽은 당연히 B다. B는 A보다 복합적 자기가 잘 형성되어 스트레스를 덜 받을 가능성이 높고, 받더라도 더 빨리 훌훌 털어낼 수 있다. '모든 걸 잘 할 수는 없지.'라면서 하나의 역할을 잘 못하더라도 그런대로 괜찮은 다른 역할의 나를 유지할 수가 있는 것이다.

하지만 주부로서의 나만 있다면, 내 인생을 엄마의 역할로만 평가한다면? 물론 한 가지 역할에 몰두하고 최고의 성과를 보여서 뛰어난 '나'로 인정받을 수도 있다. 하지만 뜻하지 않은 위기나 어려움이 생겼을 때, 하나의 자기는 쉽게 부적절감이나 우울감을 경험하게 된다.

다양성을 추구하는 시대에 마흔의 모습도 당연히 다양할 것이다. 아직도 지연이의 엄마, 영호 씨의 아내로서의 삶만을 자처해야 할까? 그러한 삶이 모두 잘못되었다고 생각하지는 않지만, '난 왜 이것밖에 안 될까. 집에서 애나 보고 살림이나 하는 여자가 이제 와서 뭘 할 수 있겠어.'라고 체념해 자신의 한계를 설정하고 불만족스러운 삶을 살고 있다면 이것은 문제가 된다.

한계라고 생각했던 것들을 비워내는 일이 중요하다. 자아를 확장함에 있어 '부족하다.'라고 생각하는 부분에만 집중하여 다른 역할들로 채우려고 한다면 외려 부족한 자아의 모습만 부각되게 되는 경우가 있다. 무엇으로 자아를 채워야 할지에 집착하기보다는 비워냄으로써 확장하는 것을 시도해보라. 부족함을 채워야한다는 강박에 사로잡히면 조급해지고 불안해져서 버렸다고 착각했던 것들도 다시 들러붙기 쉽다. 내가 다시 그것들을 끌어당기는 것이다.

마음을 비운다거나 내려놓는다는 말은 많이 들어봤지만 눈에 보이지 않고 확인할 길도 없어서 절대 쉽지 않을 것이다. 성급하게 마음먹지 말고 이를 실행하기 위한 수단을 찾아보는 게 좋다. 마흔 이후라면 지식이 쌓여가기를 바라기보다 지혜로와지기를 바라게 된다. 정해진 대로 가는 게 아니라, 스스로 선택하고 책임질 줄 아는 사람, 즉 어른으로 성장하고자 한다면 상황에 따라 유연하게 생각하고 대처하는 지혜를 천천히 갖춰 가는 것이 좋다.

내 삶에 오지랖을 부려라

'오지랖'은 웃옷의 앞자락을 뜻한다. 옷의 앞자락이 넓으면 그만큼 다른 옷을 많이 덮게 되는데, 이러한 모양을 보고 남의 일에 간섭하기 좋아하는 사람을 가리켜 "오지랖이 넓다."라고 표현한다. 그다지 긍정적으로 들리지 않는 게 사실이다. 특히 주부에 대한 편견을 언급할 때 이야기되곤 하는데, 자기 일 남의 일 가리지 않고 주책없게 참견한다는 특성을 빗대어 '오지랖', '치맛바람'이라는 부정적인 시선을 보낼 때가 많다.

나도 이 단어를 그다지 좋아하지 않는다. 친정엄마를 비롯해서 주변의 어르신들을 보면 별별 참견을 다 하신다는 인상을 지울 수가 없었고, 그들에게 휘둘리지 않고, 나의 경계를 지키려고 무던히 애를 썼었다. 친정엄마는 내가 결혼을 하고 한 아이의 엄마가 되었음에도 불구하고 얼굴을 볼 때마다 일일이 훈수를 두려고 하섰다. 그런 모습에 일찌감치 질려버린 나는 "내가 다 알아서 합니다."라는 말을 입에 달고 살았다.

딸이 아파서 한동안 입원을 했을 때 같은 병실에 있던 환자분은 입원해 계시는 동안 종종 자리를 비웠고, 매번 전화를 붙잡고 계셨다. 병원에서 충분히 쉬면서 치료에 임해야 함에도 불구하고, 가족과 직장을 챙기느라 마음이 늘 밖에 있던 것이다. 투철한 직업정신과 가족에 대한 사랑이 대단하다는 생각은 감동적이지만, 한편으로 자신을 우선순위에 놓아야 하는 상황에서도 다른 누군가를 보살피려 한다는 그 '피할 수 없는 오지랖'은 안타깝지 않을 수 없다. 타인을 향한 관심의 절반만큼이라도 자신에게 기울인다면 얼마나 좋을까.

오지랖은 관심의 또 다른 표현이기도 하기 때문에 이에 대해 무조건 나쁜 시각을 가지는 것도 고정관념의 일종이다. 주변 사람들을 챙기고 살피는 일에 수고로움을 마다하지 않는 모습은 요즘처럼 인정이 없고 삭막한 현대 사회에서는 따뜻한 일이기도 하다. 다 사람 사는 세상이라는 말처럼 관심과 오지랖은 한 끗 차이고, 종이의 앞뒷면이기 때문이다.

이제부터라도 타인을 향한 간섭의 에너지를 '나' 자신에게 쏟아보자. 자신의 존재 의미를 타인에게 구하는 것은 나의 삶을 타인에게 '양도'하는 일이다. 마흔이 넘어가며 배운 옳고 그름의 잣대를 조금이라도 상대에게 전해주고픈 마음을 이해 못하는 바 아니지만, 마음만큼 돌아오지 않는 상대의 반응, 세상의 반향에서 섭섭해지고 도태된다는 느낌을 피하고 싶다면 당신의 삶에 더 많은 오지랖을 행하길 바란다.

⁓

목적 없이 스스로를 기쁘게 하는 일은 '나를 향한 오지랖'에 가장 적합한 행위다. "나를 사랑하자."는 말은 더 이상 새롭지 않다. 그러나 나를 사랑한다는 것이 무엇인지, 극히 추상적이라 와 닿지 않고 구체적으로 어떻게 해야 할지 모르는 경우가 많다. 나를 위한 선물을 하고 싶다면, 혼자만의 시간과 구체적인 경험을 선물하는 것이 좋다. 마흔의 의미를 바꾸기 위해서는 물질적이고, 수동적인 방법보다는 활동적인 방법을 구하는 것이 보다 효과적이다.

꽃을 좋아하는 송이 씨는 꽃꽂이 수업을 등록하여 매주 다양한 꽃들과 만나는 시간을 가질 수 있었다. 꽃을 보고 향을 맡는 것만으로도 충분히 행복했지만, 하나의 작품을 완성시킨다는 생각에서 성취감을 찾았다. 걷기를 좋아하는 영희 씨는 집 주변의 산책로부터 점차 범위를 넓혀 걸었다. 그녀가 사는 동네에서 타지역으로 자신의 보폭에 맞춰 걷기 좋은 길을 적극적으로 찾았다. 이내 사람들이 잘 알지 못하는 전국의 둘레 길을 탐색하고 여러 사람에게 소개하는 활동을 이어갔다. 영희 씨는 마흔이 넘어 스스로 무언가를 개척해나간다는 만족감을 얻게 되었다.

운동이든, 그림이든, 여행이든, 독서든, 글쓰기든, 요리든 상관없다. 다른 이에게 돌아가던 에너지를 나를 위한 활동에 쓰는 것이다. '너, 이렇게 무료한 일상을 보내다가는 곧 막다른 골목에 다다르게 될 거야.'라고 내 삶에 오지랖을 부려보는 것이다. 나를 즐겁게 하는 활동리스트를 작성한 후, 30분내지 1시간 정도의 여유가 생겼을 때, 이 리스트를 들여다보며 적절한 활동을 실행에 옮기면 된다. '너는 오늘 이 일을 안하면 내일 후회할 수도 있어!'라는 오지랖과 함께 말이다.

4장 꿈이 있는 마흔으로 살아갈 것

꿈은 미래를 향해 현실적인 희망을 가지게 된다는 뜻이고,
삶의 의욕과 생동감을 부여해 주는 행위다.

마흔에도 새로운 꿈을 꾸어라

　분명 나를 찾자고, 나의 삶을 살라고 했는데 갑자기 꿈을 꾸라니 무슨 말인가 싶을 수도 있다. 꿈이라는 건 설레고 기분 좋은 단어이지만, 이미 마흔이 넘은 나와는 거리가 먼 이야기처럼 들린다. 하지만 나이와 상관없이 꿈을 꾸는 일은 다른 무엇보다 나다운 삶을 살 수 있도록 이끌어 줄 좋은 수단이 될 수 있다. 행복에 관한 심리학 이론 중 목표이론에 의하면, 인간은 자신이 추구하는 목표를 달성하거나 그것을 향해 전진하고 있다고 믿을 때 행복감을 경험한다. 행복을 포기하겠다고 말하는 사람은 없지 않은가. 마흔의 삶을 더 행복하고 풍요롭게 살자는 의견에 다들 동의할 것이다. 그러니 꿈과 목표를 젊은 사람들의 전유물로 생각하지 말자. 삶의 목적과 목표를 가지고 있다는 것 자체가 의미 있다. 그것은 마음속에 품은 소망과 꿈, 열망을 현실에 녹여내는 일이다.

꿈은 미래를 향해 현실적인 희망을 가지게 된다는 뜻이고 삶의 의욕과 생동감을 부여해 주는 행위다.

내가 원하는 삶을 살아간다는 것은 스스로 주체가 되어야 한다는 것이다. 나답게 산다는 것은 내가 원하는 대로, 내가 바라는 대로, 내가 마음먹은 대로 살아간다는 것이다. 선택의 주체는 자신이어야 한다. 그렇기에 내가 원하는 꿈을 찾아가는 과정이 바로 나를 찾는 과정이라고 할 수 있다. 꿈은 반드시 달성해야 할 대단한 목표나 사회에서 이야기하는 성공을 말하는 것이 절대 아니다. 외부로 드러나는 성과나 결과가 중요한 게 아니라 삶의 의미를 찾고 싶은 우리들의 소망을 하루하루 실현하며 일상 자체가 풍요로워지기를 기대하는 것이다.

◈

위스콘신대학교 긍정심리학 교수인 캐롤 리프Carol Ryff는 행복한 사람의 6가지 특성을 다음과 같이 소개하였다. 환경에 대한 숙달된 대처, 타인과의 긍정적인 인간관계, 자율성, 개인적 성장, 인생의 목적, 자기 수용이다. 6가지의 특성을 종합해보면, 타인을 포함해서 나의 주변 환경과 건강하고 조화로운 관계를 맺으면서, 동시에 스스로 세운 인생의 목적과 목표를 지니고 자기 실현을 추구하며 살아가는 모습을 떠올릴 수 있다. 자신이 원하고 바라는 것이 무엇인지 알고 이를 자신의 삶에서 능동적으로 충족하면서 사는 삶, 더 나아가 모두가 자기다움을 발휘하며 사는 세상을 만드는 데 작은 기여라도 할 수 있다면 이보다 더 의미 있고 행복한 삶이 있을까?

'꿈'하면 무엇이 떠오르는가? 상담실을 찾은 여성들에게 이 질문을 던지면, 말문을 열지 못하고 생각이 멎은 듯 멍하니 앉아 두리번거리는 경우가 많다. 꿈을 찾으라는 말은 자라나는 아이들에게 혹은 청년들에게나 어울린다고 생각한 탓이다. 우리도 더듬어보면 젊었을 때는 꿈을 찾아 헤매기도 하고 또 꿈을 좇아가는 삶을 살았다. 그런데 왜 마흔을 넘어서는 순간, 그 여행이 멈춰 버릴까? 마치 갑자기 행로를 바꾼 것처럼 말이다. 결혼과 동시에 늘어난 역할과 연속적으로 당면하는 과제들을 처리하면서 일상에 쫓겨 살아가게 된다. 그러니 어릴 적 꿈과 소망이 어느새 먼지만 쌓인 골동품처럼 되어버리는 것은 당연한 일이다.

마음속에서 '내 주제에 무슨 꿈? 하루하루 살기도 바쁜데 꿈같은 소리 좀 그만하지.'라는 말을 계속 하고 있지는 않을까? 꿈이라는 것은 보이지도 않고 잡을 수도 없기에 우리가 잠깐이라도 눈을 돌리면 금세 사라져버리는 신기루와 같다. 일시적인 즐거움과 위로를 위해 꿈을 이용하기만 하는 삶은 그다지 유익하지 않다. 꿈을 꿀 때 느끼는 잠깐의 설렘과 기대는 오래가지 못하고, 구체적인 실행으로 옮기지 않으면 "꿈을 꾸면 다 이루어진다고요? 말도 안 돼요. 헛된 소망만 품게 하니, 오히려 좌절감과 무기력감이 더 커지던 걸요?"라는 반문이 생기게 마련이다.

꿈을 꾸고 이루어가는 과정은 그렇게 만만하지 않다. 그저 꿈을 찾았다고 해서 이루어지는 게 아니기 때문이다. 그러므로 거창한 꿈이나 비전을 품는 것보다 소박한 것일지라도 내가 바라는 대로 계속 일구어 나가는 것이 더 중요하다.

❧

영화배우 덴젤 워싱턴Denzel Washington은 "목표가 없는 꿈은 한낱 꿈에 불과하다."라고 말했다. 누구나 꿈을 꿀 수 있지만 그것을 손에 넣을 수 있게 만드는 것은 구체적이고 현실적인, 매일 실천 가능한 목표인 것이다. 한 권의 책을 쓰고 싶다는 꿈은 매일 한 줄이라도 글 쓰는 것을 목표로 삼고 꾸준히 실행에 옮겼을 때 비로소 현실이 될 수 있다.

얼마 전까지만 해도 스포츠 경기를 볼 때면, 단순히 잘 한다 못한다는 것에 초점을 맞추어서 평가하기 바빴다. 하지만 이제는 그렇게 볼 수가 없다. 그들이 흘린 땀과 노력을 떠올리기 시작하면서, 승패에 떠나 그들의 행동 하나하나가 위대해 보이는 것이다. 나는 테니스를 배운 적도 없고 테니스 선수들에 대해선 더더욱 아는 게 없었다. 그런데 주말마다 남편이 즐겨보는 테니스 경기를 곁에서 슬쩍 보다보니 나달Rafael Nadal Parera이라는 스페인 선수에게 점점 관심이 생기기 시작했고 결국 US 오픈 경기 결승전에서 승리하는 것을 보았다. 처음에는 그저 잘하는 선수인가보다 생각했지만, 점점 나달의 표정과 태도 하나하나에 눈길이 갔다. 경기 내내 흐트러짐 없는 한결같은 자세, 표정에도 굴곡이 없었다. 그리고 물을 먹고 가지런히 바닥에 놓는 모습이나 경기 중간 얼굴의 코와 이마 주변을 만지는 그만의 디테일한 행위가 참 인상적이었던 선수였다. 그것은 마치 목표를 향해 가는 그만의 습관 혹은 절실한 의식처럼 보였다.

그는 3년간의 슬럼프를 극복하고 2017년 8월 다시 넘버원으로 복귀했다. 또한 지난 1년 동안 부상으로 아주 힘든 시간을 보냈다고 한다. 그런 나달이 부상을 당한 여러 정상급의 동료 선수들을 향해 이렇게 전했다. "현존하는 모든 선수들 중 이런 일을 가장 많이 겪어 얼마나 힘이 들지 잘 안다. 매우 유감이며 하루빨리 회복되기를 바란다."라며 "이러한 일이 일어나면 할 수 있는 일은 한

가지밖에 없다. 상황을 받아들이고 계속 정진하는 것."이라고 말이다.

❧

한 여성이 나를 찾아왔다. 점잖고 예의바르며 정돈된 모습으로 차분하게 대화를 이어나갔다. 그녀의 대화는 대학 입시를 중도 포기한 아들에 관한 이야기가 전부였다. 한번도 자신의 꿈을 생각해 본 적이 없는 그녀는 아들의 성장과 꿈을 지원하는 것으로 대리 만족하고 있었다. 하지만 자신의 꿈을 좇아 공부에 매진하던 아들이 갑자기 모든 것을 중단했을 때 그녀 역시 방향을 잃고 모든 것을 멈춰버렸다. 하루도 빠짐없이 걸었다던 산책로를 찾지 않았고, 이상하게 걷기 싫어진다고 고백했다. 나는 그녀의 이야기가 상징적으로 들렸다. 자녀의 입시 성공을 위해 열심히 뒷바라지해야 한다는 신념이 깨져버리자 엄마로서의 정체성도 상실한 것이다. 엄마와 아내로서의 삶이 전부였던 그녀는 마치 길을 잃어버린 것처럼 방황하고 있었다. 더 이상 걸어왔던 그 길을 다시 걸을 수는 없고, 아마 스스로 가고자 하는 길을 찾아야 걷고 싶어질 것이다. 어릴 적에도 꿈을 꿔 본 적 없이 주어지는 대로 상황과 역할에 순응하며 살아왔던 그녀는 이제라도 자신의 꿈을 찾아야 한다는 큰 전환점에 서 있다. 아들의 꿈을 위해 사는 것이 아니라, 자기 자신을 위한 삶을 꿈꾸기 시작한 것이다. 결국 삶은 우리에게 말한다. 원하든 원하지 않든 너의 길을 가라고 말이다. 더 이상은 나이 핑계 대면서 꿈을 꿀 자격이 있는지 없는지 논할 필요가 없다. 마흔이 넘어서도 다시 꿈꾸고, 목표를 이루어가며 살 수 있다는 것을 믿는다면 말이다.

재능을 갖춘 마흔이 되어라

메타 브랜딩의 박항기 대표는 몇 가지 꿈의 특성에 대해 설명했는데 첫째는 비가시성이다. 보이지는 않지만 에너지 상태로 존재한다는 것이다. 둘째는 휘발성이다. 보이지 않는 에너지 상태라서 계획을 세우고 꾸준히 관리하지 않으면 휘발되어 사라진다는 것이다. 꿈도 사랑과 마찬가지로 보이지는 않지만 분명히 존재하고 느낄 수 있다. 그리고 마음에 품기만 해서는 소용이 없다. 표현하고 꾸준히 노력해야 오랫동안 우리 곁에 머무를 테니 말이다. 세 번째 특성은 전염성이다. 사람들에게 알리고 나눌수록 꿈도 에너지가 커진다는 것이다. 하지만 혹시나 꿈을 이야기했다가 "그런 것도 꿈이냐?"라는 핀잔을 듣거나 망신을 당할까 봐 두렵기도 하고, 결국 꿈을 이루지도 못하면서 말로만 떠벌리는 사람으로 비칠까 봐 입 밖에 내기가 꺼려질 수도 있다. 그래서 몰래 혼자만의 꿈을 삼키는 경우가 많다. 그런데 놀랍고 일견 역설적이게도 다들 꿈에 관한 이야기를 하고 싶어 한다. 꿈을 이야기할 때의 사람들은 모두 어린 소녀, 소년이 된 것처럼 천진하고 순수한 표정에 해맑은 미소를 지었고, 쑥스러워하면서도 설렘으로 가득 찬 눈빛은 숨기지 않았다. 외려 말이 안 되고, 유치하다는 생각이 드는 꿈일수록 이야기는 즐거웠다.

 ✑

한 엄마는 미술을 전공했다. 그녀는 지금은 애들 키우느라 꿈도 못 꾸지만, 언젠가는 작업실을 만들어서 그림을 계속 그리고 싶다고 했다. 나는 그녀에게 이렇게 물었다. "그런 꿈을 가지고 있다면 언젠가가 아니라 지금 당장 할 수 있는 것이 없을까요? 제대로 된 작업실이 아니어도 좋습니다." 그러자 그녀의 눈빛이 달라졌다. 미래의 먼 모습으로만 막연하게 상상했던 걸 지금 이 순간으로 옮겨오고 보니 가슴이 뛰기 시작한 것이다. 꿈은 이야기하면 할수록 신이 나고, 함께 나눌수록 구체화되고 발전한다. 또한 내가 계획한 것이 아닐지라도 꿈을 이루는 방법들이 따라오고, 신기하게도 나를 돕는 이들을 만날 기회가 생기기도 한다. 단, 꿈을 이야기한다고 아무나를 청중으로 선택해서는 안 된다.

꿈은 미래지향성과 비현설성을 가진다. 그러나 미래지향적이고 비현실적인 꿈이라도 그것을 꾸기 위해서는 내가 있는 현재, 지금 이 순간은 아주 현실적으로 봐야 한다. 자신의 미래 모습을 알고 싶다면 멀리 갈 필요도 없이 당장에 오늘 하루를 어떻게 살아가고 있는지 고찰해보면 쉽게 답을 찾을 수 있다. 미래의 모습은 나의 오늘에 달려있다. '미래', '내일'은 얼마든지, 언제든지 내 하루를 어떻게 보낼 것이냐에 따라 바뀐다.

나는 꿈을 찾기에 앞서 자신을 알아가기 위한 탐색을 충분히 하라고 권한다. 간절히 원하는 것이 무엇인지, 정말 좋아하고 더 잘 해보고 싶은 것이 무엇인지를 생각해보라는 것이다. 이러한 탐색을 바탕으로 조금씩 꿈의 목록이 쌓였을 것이다. 혹자는 꿈의 목록을 작성하면서도 '그다음에는 어떻게 하란 말이지? 어떻게 꿈을 이룰 수 있다는 거지? 꿈을 정했다고 해서 다 이룰 수 있는 것은 아니지 않은가?'라는 의문이 들 수 있다. 하지만 아직 꿈을 어떻게 이룰 것인지에 대한 전략을 생각할 단계가 아니다. 오히려 그런 의문이 드는 순간에는 지금 선택되는 항목들이 과연 내가 진짜 원하는 것인가를 다시 물어야 한다. 진정 내가 원하는 것을 찾고 이를 가장 명료하게 세팅하는 일이 꿈을 이루기 위한 과정에서 매우 기본적이면서도 중요한 작업이기 때문이다.

리더십 전문가 존 맥스웰John C. Maxwell은 "신은 당신 안에 꿈을 심어놓으셨다. 꿈은 당신의 것이지 다른 누구의 것도 아니다. 꿈을 통해 당신이 유일무이한 존재라는 것이 명백해진다. 꿈은 당신의 잠재력을 잡고 있다. 오직 당신만이 당신의 꿈을 낳을 수 있으며 오직 당신만이 그 꿈을 실현할 수 있다."라고 표현했다. 누구에게나 꿈의 씨앗들이 심어져 있다. 그것을 보다 일찍 발견한다면, 우리의 삶은 꿈의 실현을 위해 최선을 다하는 삶이 될 것이다.

어쩌면 우리는 꿈을 이루기 위해 태어났는지도 모른다. 저마다 자신 안에 숨겨진 꿈의 씨앗을 찾고 그것들이 잘 발아되어 꽃을 피우고 열매를 맺을 수 있도록 노력하는 과정이 이 세상에 태어난 의미와 이유이지 않을까. 마치 한 그루의 나무처럼 말이다.

⸙

아직 원하는 꿈을 찾지 못한 사람이라면, 꿈이라는 단어 앞에서는 나이를 막론하고 누구나 새내기라는 것을 기억해라. 나 역시 새내기로서 나이 마흔을 넘겨서야 내 꿈에 관해 진지하게 탐색하기 시작했다. 더 이상 남들이 정해주었거나 사회가 바람직하고, 그럴듯하다고 인정하는 꿈을 내 꿈인 양 착각하지 말아야 한다.

누구든지 자기가 원하는 대로 꿈을 꾸고, 노력하여 이룰 수 있는 세상이라면 얼마나 좋을까. 점차 꿈이 무용해지는 시대에, 크건 작건 꿈은 여전히 더 넓게 자기를 확장할 수 있는, 삭막한 삶에 부는 기분 좋은 바람일 것이다.

제1단계, 탐색자가 되어라

내가 원하고 바라는 것을 이루어가는 삶. 내가 서 있는 어느 자리라도 나를 표현할 수 있는 무대. 원하는 대로 꿈을 꾸고 그것을 이루어가는 삶은 가슴이 뛰는 삶이다. 꿈을 찾고 이루어가는 길을 편의상 4개의 계단으로 구분하였으며, 모든 단계가 서로 독립적이기보다는 연결되어 있으나 반드시 순차적으로 따라야 하는 것은 아니다.

꿈보다 나를 찾아라

MBC 찾아가는 다큐 콘서트 〈산골 음악회〉를 제작하여 '산골 PD'로 알려진 하현제 PD는 나영석 PD나 김태호 PD처럼 유명하지는 않지만, 자신만이 할 수 있는 프로그램을 제작했다는 자부심이 대단해 보였다. 명예와 인기를 따라가기보다는 자신이 처한 상황에서 자신만이 할 수 있는 것을 찾고 꾸준히 애정과 열정을 쏟아서 결국 다큐 콘서트라는 그만의 장르를 완성시켰다. 그는 꿈을 향해 걸어온 여정을 이야기하면서 "꿈은 자신이 계획한 대로 이루어지지 않더라. 하지만 매 순간 시험에 들어 두렵더라도 계속 갔더니 그 길이 나의 자산이 되고 꿈으로 가는 길이 되었다."라고 했다. 아무도 꿈을 찾거나 이루기 위한 절대적이고 완벽한 계획을 알려주지 않는다. 없다고 말하는 게 맞을 것이다. 저마다 꿈은 가고자 하는 목적지도 다르고, 크기나 가치에 따라 비교하고 판단할 수 있는 종류의 것도 아니다. 사회가 얘기하는 성공과 명예, 부를 향해 남들이 만들어 놓은 길을, 남들이 계획한 것을 따라가는 일이 아니다. 중요한 것은 내가 원하고, 내게 가치있고, 내가 하고 싶은지를 기준으로 나만의 길을 개척해 가는 것이다.

홍기운 진로전문가는 한 초등학교 4학년 아이의 꿈 이야기를 들려주었다. 그 아이의 꿈은 국제중학교에 가는 것이고, 그다음에는 특목고를 들어가는 것이며, 특목고를 졸업한 이후에는 SKY로 대학을 가는 것이고, 그런 다음에는 하버드로 유학을 가는 것이라고 하였다. 그럼 유학을 다녀와서 하고 싶은 일이 무엇이냐고 물었더니, 요리사가 되는 것이라고 답했다. 이 이야기가 과연 자연스러운 것인가. 그 아이가 가는 길이 과연 요리사가 되기 위한 길이라고 할 수 있을까? 꿈을 이루고 성공하는 삶은 누구나 원한다. 하지만 그 과정에는 모두가 가는 하나의 길만 있는 것이 아니다. 본질적으로 추상적인 꿈에는 구체적인 답안도, 귀천도 없다.

우선 '꿈' 하면 무엇이 떠오르는지 생각해보고 실현 가능성에 상관없이 노트에 적어보자. 꿈의 사전적 의미는 실현하고 싶은 희망이나 이상이다. 간절히 원하고 바라는 것, 꼭 이루고 싶은 것이면 무엇이든 꿈이라 할 수 있다. 더 구체적으로는 되고 싶은 것, 하고 싶은 것, 가지고 싶은 것으로 나누어볼 수도 있다. 만일 '이런 것도 꿈이 될 수 있을까? 남들이 보면 비웃겠는 걸?'이라고 생각하고 있다면, 그러한 생각도 당장 거둬들일 필요가 있다. 꿈은 스스로 생각하는 것이지 남들이 대신 정해주고 이루어주는 게 아니기 때문이다. 만약 머릿속에 떠오르는 것이 남에게 보여주기 위한 것이라면 재고해볼 필요가 있다.

일단 적어보자. 많을수록 좋다. 처음엔 한 개조차도 쓰기 어려울 수 있다. 청소년을 대상으로 했을 때나 대학생들을 대상으로 했을 때나 마흔을 대상으로 했을 때나 꿈은 모두가 쓰기 어려워한다. 자신이 무엇을 원하는지 모르고 있다는 사실에 다들 어리둥절한 눈치다. 우리는 저마다 나름의 이유로 열심히는 살고 있지만, 안타깝게도 그건 내가 원하고 바라는 삶과는 거리가 멀 때가 많다. 미래의 안정과 편안함이라는 막연한 목표를 위해 현재를 희생하는 삶을 살아온 것이다.

많은 사람이 잘하는 것을 선택할지 아니면 좋아하는 일을 선택할지 고민한다. 나와 같이 상담심리학을 전공했지만, 연구 설계와 통계를 매우 잘해서 주변에서도 인정받는 한 후배는 연구 설계와 통계는 자꾸 하다 보니 잘하게 된 것이지, 사실은 좋아하지도 않고, 정말 하기 싫다고 털어놓았다. 정말 잘하고 싶은 것은 상담인데, 상담 실력은 잘 늘지 않아서 자신이 이제 무엇을 해야 할지 고민된다는 이야기였다. 그렇다면 잘하고 싶은 상담 실력을 늘리기 위해서 상담에 더 많은 정성과 노력을 기울여야 할 것이다. 통계 처리를 하는 데 투여하는 시간과 에너지를 상담 실력을 늘리는 데 써야 한다. 무엇을 하던 재능을 살려야 한다는 말은 타당하지만, 남보다 월등히 잘하는 것이 '재능'이 아니라면?

재능의 사전적 의미는 어떤 일을 하는 데 필요한 재주와 능력으로, 개인이 타고난 능력과 훈련에 의하여 획득된 능력을 아울러 이르는 것이다. 당신이 아무리 요리를 잘한다 하더라도 정말 하기 싫은데 억지로 꾸역꾸역하고 있다면 그건 재능이라 볼 수 없다. 오히려 지금은 잘 못하더라도, 요리하는 것이 즐겁고 좀 더 잘하고 싶어서 많은 시간과 노력을 기울이고 있다면 그것이 바로 재능이 된다. 남보다 더 잘하고 경쟁에 뒤지지 않으려고 하는 것이 재능을 발휘하고 꿈을 이루면서 사는 삶과 같지는 않다. 재능을 발견했다면 잘하든 못하든 평가 없이 그저 묵묵히 그 길을 가는 것이 바로 꿈을 이루며 사는 것이다.

꿈을 찾는다는 것은 이런 '의미가 있는 재능'을 발견하는 것부터 시작한다. 아무리 보잘것없어 보여도 정말 해보고 싶은 것, 아직은 해보지 않아서 잘하지 못하지만 생각만 해도 가슴 떨리고 배워서라도 잘해보고 싶은 것, 그것을 찾아야 한다.

자기 탐색 질문들　　　　　　　*self-interview*

통계청에 따르면, 살림과 육아를 전담하는 남성의 수는 최근 몇 년간 꾸준히 증가하고 있는 반면에 육아와 가사를 전담하는 여성은 매년 줄어드는 추세라고 한다. 이에 대한 원인으로 고령화를 꼽을 수 있는데 은퇴한 남성이 집에서 가사를 전담하는 경우가 늘고 있다는 것이다. 또한 성 역할에 대한 전통적인 고정관념이 무너지면서 30대 여성을 중심으로 고용률이 높아지고 있다는 점도 통계 결과에 일조한다. 사회 전반에 걸쳐 우먼파워를 보여주고 있는 여성을 보면, 아직 드러나지 않았을 뿐 여성의 잠재능력이 얼마나 대단한지 그 실례를 보여주는 것 같아서 여성의 고용률이 증가하고 있다는 통계 결과는 희소식이 아닐 수 없다.

그러나 대부분 마흔의 여성은 사회에 존재하는 현실적인 제약뿐만 아니라 사회적으로 형성된 고정관념에 발목을 잡힐 때가 많다. "여자가 뭘 하겠어.", "엄마라는 사람이 어떻게 저럴 수 있어?", "아녀자가 어딜 밤늦도록 돌아다녀.", "집에서 살림이나 제대로 할 생각을 해야지.", "아무리 똑똑하면 뭐해, 여자는 시집 잘 가는 게 가장 중요해." 등등의 말을 듣게 되고, 이러한 고정관념의 위협 때문에 여성은 심리적으로 위축되고 작아진다. 어렵게 용기 내어 목소리를 내고 자신의 욕구를 실현하려 시도했다가도 이기적이라는 말 하나로 막 피어오르기 시작한 소망의 불씨가 허망하게 꺼져버린다. 자기 발견이나 자기 실현이라는 단어는 책이나 드라마에서 볼 수 있는 남의 말이 되어버린다. 하지만 여기서 멈출 수는 없다. 물론 사회제도와 풍토가 바뀌어야 함을 알지만 그것만 바라보고 무기력하게 있지 말자는 이야기다. 남들이 툭 던지는 말 한마디와 시선에 사로잡혀 그 엉터리 같은 고정관념의 감옥 속으로 자청하여 들어가는 일은 이제 그만두어야 하지 않을까.

물론 현재의 삶을 스스로 선택한 것이라면 존중함이 마땅하지만 대부분의 중년이 다시 일하고 싶어 한다는 것에 주목해야 한다. 취업을 위한 취업이 아니라 되도록 재능을 살릴 수 있는, 자신의 가치를 발휘하며 보람을 느낄 수 있는 일을 선택하는 것이 장기적으로 봤을 때 유능감과 행복감을 느끼고 삶의 질을 높이는 길이 된다. 꿈을 찾는 과정이 반드시 직업을 찾으라는 소리는 아니다. 나의 재능을 마음껏 발휘하면서 인생의 주변인이 아니라, 주인공으로 살아가라는 것이다.

꿍

쉰을 넘긴 지 얼마 안 된 일본인 친구가 있었다. 그녀는 갑자기 갱년기 증상이 시작되어 감정 기복이 심해지고 컨디션 조절도 어려워져 만나기로 약속을 했다가도 당일 아침에 급작스럽게 취소하곤 했다. 그럼에도 불구하고 그녀가 매일 빠짐없이 하는 것이 있었다. 여느 주부와 마찬가지로 그녀 역시 육아와 살림을 전담하고 있었지만, 매일 매일 정해진 시간에 두세 시간씩 피아노 연습을 빼먹지 않았다. 그리고 일주일에 한 번 어느 음대 교수에게 레슨을 받으러 다녔다.

나는 당연히 그녀가 피아노를 전공했거나 음악 관련 일을 했을 거라고 생각했다. 하지만 의외의 답이 나왔다. 그녀는 피아노를 전공하거나 피아니스트를 꿈꾸고 있는 사람이 아니었다. 그저 피아노 치는 것이 즐겁고 행복하다고만 했다. 그리고 더 열심히 연습해서 조금이라도 더 잘 치고 싶다고 했다. 그녀의 집에 놀러 갔을 때 '쇼팽'의 곡들을 연습하는 중이라면서 그녀가 연주곡 하나를 들려주었다. 전문 피아니스트가 아니어도 그녀의 열정과 진지함은 누구도 따라올 수 없을 만큼 강렬했고, 그 순간만큼 그녀는 너무나 멋진 피아니스트처럼 보였다. 얼마 안 되어 그녀가 기쁜 소식을 전해주었다. 아들이 다니는 학교에서 학생들과 교사 그리고 학부모들이 모두 참여하는 크리스마스 콘서트 피아노 연주를 하게 되었다는 것이다. 너무 기뻐서 아이처럼 천진하게 웃던 그녀의 모습을 지금도 선명하게 떠올릴 수 있다.

위에 소개한 이야기를 듣고, 혹자는 좋아하는 게 있어서, 잘하는 게 있어 좋겠다며 부러워할 것이다. 하지만 부러움을 넘어 자기 비하가 시작되면 곤란하다. 꿈을 찾는다는 건 나를 탐색하고 새롭게 발견하는 과정이다. 시간이 걸리더라도 탐색하는 과정이 반드시 필요하다. 의외로 사람들은 스스로에게 큰 관심이 없다. 누군가가 나를 발견해주기를 기다리지 말고, 이제부터 오로지 '나'에 초점을 두고 생각해보는 시간을 틈틈이 가져라.

나를 탐색하고 발견해가는 과정에 도움이 될 만한 질문들을 소개할 것이다. 질문에 관한 본인의 생각을 적어 보길 바란다. '나'가 아니라 '당신'을 주어로 놓은 것은 보다 객관적으로 자신을 바라보는 데 도움이 될 것이다. 꿈을 꼭 찾겠다는 결의보다는 자신에게 의미 있는 무언가를 위한 활동 한 가지를 해본다는 마음으로 가볍게 시작하자.

끊임없이 질의응답을 통한 탐색을 하다 보면 자신을 알아가는 과정을 경험할 수 있다. 그것은 고정된 나를 넘어서 새롭고 가능한 자기를 발견하고 자신을 확장해 나가는 길이다.

- OOO야, 너는 누구니?

- 000야, 너는 지금까지 무엇을 위해 살아왔니?

- 000야, 너는 지금 무엇을 위해 살아가고 있니?

- 000야, 앞으로 무엇을 위해 살고 싶니?

- 000야, 네가 가장 소중하게 여기는 것은 무엇이니?

- 000야, 네가 가장 닮고 싶은 사람, 존경하는 사람은 누구니?

- 000야, 너는 언제 어디에 있을 때 가장 기분이 좋니?

- 000야, 돈과 시간이 허락된다면 무엇을 더 배우고 싶니?

- 000야, 지금은 부족하더라도 더 노력해서 잘하고 싶은 것은 무엇이니?

- OOO야, 너는 무엇을 할 때 가장 즐겁니?

- OOO야, 너는 어떤 사람이 되고 싶니?

    린다 그랜튼 Lynda Gratton과 앤드루 스콧 Andrew Scott은 탐색자가 되기에 가장 적합한 시기가 있다고 주장했는데, 바로 18세~30세, 40대 중반, 70세 혹은 80세 전후이다. 왜냐하면 이 시기는 인생의 자연스러운 과도기이고, 인생의 전환점을 맞이할 수 있는 시기이기 때문이다. 그래서 이 탐색의 시기는 삶을 자세히 살펴보고, 믿음과 가치에 대하여 더 많이 성찰하는 시간이 될 것이라고 하였다. 또한 탐색은 발견을 위한 내적인 과정이라기보다는 외적인 과정이기 때문에 자신을 시험하는 환경, 즉 자신의 분노를 자극하거나 기쁨을 주는 환경에 직면하여 스스로 누구인지를 알아갈 수 있다고 보았다.

스스로 던져 볼 수 있는 다양한 질문들을 통해 자기 탐색의 전문가가 되어보자. 이것이 멀리 여행을 가거나 삶의 변화를 일으킬 만한 큰 사건이 일어나지 않더라도, 일상적인 삶과 반복되는 경험에서 벗어나서 새로운 삶을 살아갈 수 있는 비결이다.

이왕이면 당신만의 무기를 찾아라

우리는 꿈을 이루기 위해서는 꿈을 향한 시간과 노력을 들여야 한다는 것을 안다. 재능보다는 노력의 중요성을 강조한 1만 시간의 법칙이라는 말이 있다. 하지만 여전히 노력이면 무조건 모든 것이 가능하게 되는가에 대한 의문이 든다. 꿈을 찾고 이루고 싶어 하는 사람들에게 어떤 노력을 할 것인지를 물어보면 자신의 부족하고 취약한 부분을 찾아서 이를 보강하거나 뜯어고쳐야 한다는 답을 하는 경우가 많다.

꿈꿈

모든 것을 잘할 수는 없다. 그리고 모든 것을 못할 수도 없다. 누구나 잘하는 것이 한두 가지는 있다. 그 한두 가지를 우습게, 당연하게 보고 있는 건 아닌지, 만능이 되려고 하는 것은 아닌지 묻고 싶다. 어딜 가나 열심히 살아내느라 지쳐있는 사람들뿐이다. 아니면 꿈이 없거나 다 포기하고 무기력한 사람들이거나.

좋은 엄마가 되고 싶다는 소망을 품고 부모교육에 참가한 여성들은 충분히 잘하고 있는 부분을 보기보다는 좋은 엄마가 되기 위해서 키워야 하는 부분, 고쳐야 하는 부분을 찾기에 급급했고 더 나은 사람이 되기 위한 조건을 갖추기 위해 골몰했다. 집안일과 육아 스트레스에 시달리는 엄마들에게 이것도 하고 저것도 해야 한다는 과제가 과연 도움이 될까? 비단 엄마들의 이야기가 아니다. 어쩌면 우리는 만능이 되어야 한다는 착각 속에 빠져있는지도 모른다. 성공하려면 이러이러해야 한다는 공식을 찾아다니고 뒤처지지 않기 위해서 남들 하는 대로 따라 하기에 바쁜 것이 우리네 일상이다.

꿈이 한낱 몽상으로 끝나지 않기 위해서는 약점이나 단점을 보완하려고 하기보다 내 장점과 강점을 알고 이를 활용하려고 해야 한다. 그렇게 할 때 나만의 무기가 생기는 것이다. 예나 지금이나 무작정 열심히 노력하면 된다고 주입식으로 교육을 받은 사람들 모두가 꿈을 이루고 성공하지 않았다. 특히 제2의 인생을 새롭게 시작하려는 마흔의 우리들은 더 이상 정해진 길을 기대할 수 없고, 남들 하는 것을 기웃거리면서 흉내 낼 시간도 없다. 또 빨리 찾으려고 서둘러서 되는 일도 아니기에 새로운 인생 항로에 들어선 이상 마음가짐을 천천히 무장해야 한다. 그러니 남들과 비교해서 부족한 점만 찾아 고치려는 습관을 버리고, 아직 발견하지 못했거나 외면함으로써 내 안에서 녹슬고 있는 강점을 찾아보자.

　　　　　　　　　　　　　ン

　　강점 심리학의 아버지라고 불리는 도널드 클리프턴Donald O. Clif-ton은 사람들이 자신의 약점을 보강하고 바로잡기보다, 원래 가지고 있는 강점을 개발하면 몇 배나 더 성장할 수 있다는 사실을 발견했다. 도널드 클리프턴과 톰 래스가 연구한 대부분의 영역에서 사람들은 각자 가장 잘하는 일에 집중할 기회를 가지지 못하고 있을 뿐만 아니라, 1,000만여 명의 사람들을 대상으로 설문조사를 실시한 결과 약 700만 명이 강점을 발휘하지 못하고 있는 것으로 밝혀졌다. 그렇다면, 강점이란 무엇일까? 여기서는 시간이 흘러, 배우고 경험하고 익혀서 또는 훈련을 받아서 취득할 수 있는 지식이나 기술을 제외하고 있다. 대신에 비교적 변화 가능성이 낮은 핵심적인 성격 요소, 즉 재능을 강점으로 개발될 수 있는 '특성'으로 본다.

강점이라고 하면 남들보다 아주 완벽히 잘하거나, 뛰어난 천재적인 능력을 이야기하는 것으로 오해할 수도 있다. 하지만 자신이 모르고 있거나 인정하고 있지 않을 뿐, 누구나 자기만의 강점을 가지고 태어난다. 우리에게 희망이 있다. 모른다면 발견하면 될 일이고, 인정하면 되는 일이다.

　하지만 재능이 있다고 해도 강점으로 개발하려면 연습이 필요하다. 강점은 내면에 있는 것이기 때문에 자기 관찰과 분석이 필수적이다. 다른 누구보다 잘하는 것이 꼭 아니어도 좋다는 전제하에, 우선 발휘할수록 즐거워지는 특성부터 떠올려보자. 그 특성을 아끼지 말고 자꾸 발휘하면 할수록 강점으로 개발될 가능성은 커진다. 예를 들어 나를 즐겁게 하는 특성은 다른 사람들의 이야기를 잘 들어주고, 그들이 미처 생각하지 못한 관점을 제시해주거나 복잡한 마음에 관해 질문하고 구체화시켜, 문제가 명료해지고 정리될 수 있도록 도와주는 것이다. 나는 상담하는 일이 직업이기 때문에 이런 특성이 나의 강점이라고 특별히 생각해보지 못했다. 하지만 지금까지도 상담을 하고 있고 앞으로도 더 잘하고 싶은 영역이라는 점에서, 또 이 특성을 잘 발휘하는 순간이 가장 보람되고 즐겁다는 걸 깨달으면서부터는 이것이 나만의 강점이라는 생각이 들었다.

특별히 큰 노력을 기울이지 않았는데도 좋은 성과가 있었던 경험을 떠올려보자. 계속 발휘하고 싶은 특성은 무엇인가? 그 특성을 발휘할 수 있는 환경은 어디인가? 어떤 사람들과 함께할 때 잘 발휘되는가? 타인의 기대에 부응하는 것이 아니라 진짜 내가 원하는 특성, 나를 즐겁게 하는 특성이어야 강점으로 무럭무럭 키울 수 있다. 그래야 내가 중요시하는 가치를 실현하면서 살 수 있다. 이제 당신만의 무기를 찾아라.

제2단계, 동기화하라

꿈이란 무엇이고, 왜 꿈을 꾸어야 하며, 어떻게 꿈을 꾸면 좋을지를 이야기했다면 이제 더 이상 꿈을 머릿속에 두거나 가슴속에 품기만 하지 않고, 꺼내어 볼 수 있는 당신만의 꿈 노트가 필요하다. 당신이 간절히 원하는 것, 시간과 경제적 여유가 있다면 배워보고 싶거나 꼭 해보고 싶은 것, 당신만의 강점을 살려서 즐겁게 할 수 있는 것, 당장 잘 해낼 수는 없지만 노력해서 더 잘해보고 싶은 것, 이루어진 상태를 상상만 해도 설레고 기대되는 모습 등 무엇이든지 당신을 드러내서 펼쳐 보일 수 있는 것을 '꿈 노트'에 적어보는 것이다. 써 내려가는 동안 마치 꿈이 이뤄진 것처럼 흥분되고 짜릿할 수도 있다. 마음속에만 가두고 있는 것이 아니라 가시화하는 행위는 꿈에 한 걸음 더 가까이 다가가는 동기화 과정이다.

대부분의 사람들은 '꿈이 이루어지면 참 좋겠다.'라며 막연하게 소망만 하거나 자신이 믿는 신을 찾아가 꿈을 이루게 해달라고 기도하는 행위에 머문다. 꿈은 하늘에 떠 있는 구름이나 별과 해 같아서 손에 잡히지도 않고, 그저 가끔 바라보면서 미소 짓게 할 뿐, 현실에서는 이룰 수 없는 게 당연하다는 생각을 하는 사람들도 많다. 꿈은 꿈일 뿐이라고 믿고, 꿈을 좇기보다는 현실을 직시해야 현명한 것이라고 생각하는 것이다. 나폴레온 힐Napoleon Hill은 "소망은 단순한 사고의 번뜩임에 지나지 않는다. 몽롱한 아지랑이 같은 추상적인 것이 구체적인 형체가 되어서 현실화되지 않는 한 아무런 가치가 없다."라고 했다. 상상력을 발휘해서 구체적으로 종이에 기록하게 되면 우리의 꿈과 소망은 차츰 눈에 보이는 모습으로 드러나게 된다.

❧

상상의 힘을 보여준 대표적 인물은 누구나 알고 있을 법한 사람으로, 오늘날 전 세계에 250여 개의 힐튼 호텔을 가진 콘래드 힐튼Conrad Nicholson Hilton이다. 그는 10대 후반에 호텔 벨 보이로 사회생활을 시작했다. 호텔의 벨 보이였던 그가 도대체 어떻게 힐튼 호텔의 주인이 되었을까? 그게 정말 가능한 일인가?

　10대 후반의 힐튼은 당시 미국에서 가장 큰 호텔의 사진을 구해 책상 위에 붙여놓고 그런 호텔의 주인이 되는 상상을 했고 15년 뒤에는 미국에서 가장 큰 호텔의 주인이 되었다. 많은 사람들이 힐튼에게 성공의 비결을 물을 때마다 이렇게 대답했다고 한다. "내가 호텔 벨 보이 생활을 할 때 주위에는 똑같은 처지의 벨 보이들이 많았다. 호텔을 경영하는 능력이 나보다 뛰어난 사람들도 많았다. 나보다 더 열심히 일하는 사람들도 많았다. 하지만 밤낮으로 성공한 자신의 모습을 상상한 사람은 나뿐이었다."

　덧붙여 힐튼이 애기한 '꿈꾸는 능력'이란 바로 상상력을 활용하는 것이다. '상상하면 이루어진다.'라는 말은 누구나 쉽게 현혹될 만한 달콤한 이야기다. 하지만 이를 제대로 이해하고 실천하는 사람은 많지 않다. 여기서의 상상이란 영화 〈월터의 상상은 현실이 된다〉처럼 상상만하면 원하는 대로 모두 이루어지는 상황이나 자기 최면의 의미가 아니다. '상상력의 힘'을 발휘하기 위해서는 무엇을 상상하느냐보다 어떻게 상상하느냐가 더 중요하다.

　　　　　　　　　　　❧

　처음으로 딸이 케이 팝에 관심을 보였을 때가 떠오른다. 한국 나이로 10세, 초등학교 3학년이었다. 다양한 국적을 가진 아이들과 함께 학교에 다니던 딸은 한국을 알리는 일에 적극적인 흥미를 보였고, 4학년이 되자 케이 팝을 듣고, 따라 불렀다. 그리고 다른 나라에서 온 아이들에게 한국말을 가르치며 지식을 공유했고, 함께 춤을 추면서 놀았다. 4학년 때부터 시작한 케이 팝 사랑은 점점 더 강해졌다. 사실 지금까지 그 과정을 지켜본 나는 기특하고 재미있기도 했지만, '저러다가 말겠지.'하고 가볍게 여기기도 했다. 한국에 와서는 BTS(방탄소년단)와 그들의 팬 '아미'가 함께 할 수 있는 공간을 모형으로 만들어 깜짝 놀래키기도 했다. 돌아보면 딸은 오래전부터 자신이 원하는 일에 온갖 상상력을 동원하여 구체화하고, 마치 생생하게 살아 숨 쉬는 것처럼 생명을 불어 넣었던 것이다. 앞으로 이 아이의 꿈이 어떻게 얼마나 확장되고 변할지는 누구도 쉽게 가늠할 수 없다. 어린 아이의 꿈은 두 가지 방법을 충실하게 따른다.

하나는 '로드맵 중심적 상상'과 '결과 중심적 상상'이다. 로드맵 중심적 상상은 목표 달성으로 가는 경로를 탐색하고, 목표 달성을 위해 해야 할 일과 겪게 될 걸림돌 및 그에 대한 대비책 등 모든 과정을 생생하게 상상하는 것을 말한다. '결과 중심적 상상'은 목표를 달성한 장면을 상상하는 것이다. 이것은 앞서 말한 나의 딸과 힐튼이 했던 상상의 경우에 해당된다. 또한 자신이 원하는 꿈과 목표를 달성하려면 반드시 두 가지 동기가 필요하다. 그 두 가지는 이민규 작가가 《실행이 답이다》에서 언급한 시발동기와 유지동기다. 시발동기는 말 그대로 꿈을 이루기 위해 어떤 일을 시작하도록 마음을 움직이는 동기이다. 목표를 달성한 상태를 상상하는 것으로, 결과 중심적 상상을 통해 시발동기를 높일 수 있다. 또한 새로운 결심으로 무언가 시작하는 일은 비교적 쉽게 일어나는 편이다. 문제는 초심을 계속 유지하기가 쉽지 않다는 것이다. 그래서 포기하지 않고 꾸준히 할 수 있도록 유지동기를 끌어올리는 것도 중요하다. 유지동기는 시작한 무언가를 포기하지 않고 처음 꿈꾸었던 마음을 유지하도록 하는 동기이며, 이는 목표달성 경로를 탐색하는 로드맵 중심적 상상으로 만들어진다.

동기부여 1: 꿈이 이루어지는 비밀창고

지금 이 순간, 잠시 모든 잡념을 내려놓고 나의 꿈이 이루어지는 상상을 해보는 것이다. 평소 상상하는 일이 별로 없고 익숙하지 않은 사람들은 난감할 수 있다. 그러니 상상을 하기 전에는 반드시 몸과 마음을 편안하게 이완시키는 작업이 우선되어야 한다. 눈을 살며시 감아도 좋다. 아무에게도 방해받지 않는 조용한 공간을 찾아 의자에 앉아서 하거나 바닥에 누워서 해도 좋다. 철저히 혼자만의 시간과 공간을 마련하는 것이다. 몸과 마음이 편안해진 상태를 만들고 상상의 나래를 펼친다. 꿈을 이루는 상상이라고 해서 심각하고 진지해질 필요는 없다. 단순히 놀이처럼 가볍고 즐겁게 꿈꿔보는 것이다. 다음의 안내를 함께 따라가기만 하면 된다.

⁓

몸과 마음이 편안해지도록 심호흡을 세 번 정도 합니다. 이제 당신은 자신을 주인공으로 하여 두 번째 인생 스토리를 쓸 작가입니다. 내 인생의 주인공은 나 자신일 테니까요. 어떤 이야기든 마음껏 원하는 대로 쓸 수 있습니다. 자신이 주인공이고, 주변 인물들 역시 누구든 원하는 대로 등장시킬 수 있습니다. 뿐만 아니라 장소나 배경 역시 무엇이든 원하는 대로 꾸밀 수 있습니다. 단, 스토리의 주제는 반드시 자신이 간절히 원하고 바라는 꿈이 이루어졌을 때의 모습입니다. 1년 후든 5년 후든 10년 후의 모습이든 상관없습니다. 이래야만 될 것 같은 모습이 아니라, 지금과 크게 다를 것 없는 상황이 아니라, 내가 원하는 대로 삶을 살고 있는 미래의 모습을 아주 구체적으로 그려보는 것입니다. 이렇게 자신의 꿈을 이룬 모습을 상상해보는 것 자체가 당신에게 희망을 줄 것입니다. 가능한 한 구체적이고 생생하게 만드세요. 처음엔 희미할지라도 시간이 지나면서 점점 그 이미지가 또렷해질 것입니다. 그리고 꿈이 실현되어 매우 만족스럽고 행복해 하는 자신의 모습을 바라보세요. 꿈이 실현된 장소는 어디인가요? 주변에 어떤 것이 보이나요? 향기가 느껴지나요? 음악이 흐르고 있나요? 혼자 있는 곳인가요? 아니면 주변에 어떤 사람들이 함께 하고 있나요? 나는 어떤 행동을 취하고 있나요? 어떤 생각을 하고 있나요? 클로즈업해서 자신의 표정을 자세히 들여다보세요. 무슨 말을 하고 있다면, 잘 들어보세요. 목소리 톤이나 억양도 느껴보세요. 그런 자신이 어떻게 보이나요? 보고 있는 동안 지금 나의 마음은 어떤지 느껴봅니다.

　

30대 초반 승희 씨는 '엄마의 꿈에 날개를 달자' 강의에서 이렇게 말했다. "저한테 혼자만의 공간과 시간이 얼마나 필요한지를 깨달았어요. 매일 두 명의 어린아이들과 씨름하느라 지쳐있었거든요. 무얼 해내고 성취하는 것보다, 지금은 아무 걱정 없이 누릴 수 있는 혼자만의 휴식이 가장 간절하다는 걸 알았어요."라고 말하며 눈물을 흘렸다. 또 다른 40대 중반의 미현 씨는 다소 격앙된 목소리로 이렇게 이야기했다. "언제 남편이 명퇴 당할지도 모르고 아이들도 곧 대학에 들어가니 뭔가 할 일이 있어야 한다고 막연하게만 생각하고 있었지, 구체적으로 깊이 생각해 본 적이 없었어요. 지금 상상해보니, 커피를 좋아하니까 조용한 카페에서 책을 읽고, 좋은 사람들과 이야기 나누며 살고 싶다는 생각이 들어요. 주변에 분위기 좋은 카페를 가면 이런 카페 하나 차렸으면 좋겠다고 생각한 적이 있는데, 지금이라도 바리스타 과정에 등록해야겠어요. 마침 이웃 교회에 무료 과정이 있다고 하니 맛보기로 배워보고 저한테 잘 맞고 재미있으면 자격증 과정에 도전해 보는 게 좋을 것 같네요."

지금 이 순간에 당신이 떠올린 꿈은 무엇인가? 10년 뒤가 될 수도 있고, 1년 뒤 아니면 한 달 후가 될 수도 있다. 꿈이 이루어진 모습을 구체적으로 상상할수록 그 꿈은 눈에 보이는 실체가 되어 내게 더 가까이 다가올 것이다. 상상으로 생생하게 만들어진 꿈의 모습을 머릿속으로만 간직하지 말고, 눈앞에 보일 수 있도록 만들어라. 꿈을 이룬 당신이 아침에 일어나서 잠들기 전까지 하루를 어떻게 보낼 것 같은지를 세세하게 적어보는 것도 좋은 방법이다. 그리고 노트에 기록할 때는 반드시 꿈이 이루어진 상태, 즉 과거

형으로 쓰도록 한다.

〈산골 음악회〉의 하현제 PD는 이를 미래의 일기라고 명명했다. 그는 매년 초에 미래의 일기를 작성한다고 했다. 이미 이루어진 것처럼 꿈이 이루어진 날짜도 적어놓고 아주 구체적으로 저장하여, 연말이 되면 정산하듯이 꿈이 얼마나 달성되었는지를 계산해 본다고 한다. 놀랍게도 그는 실제 달성률이 80퍼센트 이하로 떨어진 적이 없다고 말했다. 이렇게 자신이 원하는 모습을 또렷하고 구체적으로 떠올려서 기록해 놓는 것 자체가 꿈을 이루어가는 큰 나침반이자 동력이 된다.

기록하는 것을 넘어서, 꿈의 모습을 연상시킬만한 이미지나 사진을 찾아 눈에 띄는 곳에 붙여놓고 자주 들여다볼 수도 있다. 예를 들어 카페를 차리고 싶다는 미현 씨는 자신이 꿈에 그리던 카페 이미지와 닮은 사진을 수집하는 일부터 시작하는 것이다. 그중에 이것이다 싶은 사진이 있으면 자신의 시선을 사로잡을 수 있도록 크게 인쇄하여 포스터를 만들어 본다. 카페 이름도 지어보고, 카페 메뉴판도 만들어 보는 식으로 확장해 간다면 꿈을 꾸고 이루어가는 과정이 훨씬 더 재미있고 설렐 것이다. 나도 나만의 심리상담연구소를 차리기 6개월 전부터 이런저런 상담소 이름을 수십 가지 만들어 보면서 꿈을 키워갔고, 결국 '마음 풍경 심리상담연구소'라는 이름의 상담소를 열게 되었다.

당신의 간절한 소망을 시각적으로 담아낼 방법을 선택해라. 글로 작성하든, 그림이나 사진으로 표현하든 각자의 취향에 맞게 표현하면 된다. 그리고 이미 꿈을 이룬 자신의 모습을 상상하면서 가장 행복해 보이는 얼굴 사진을 골라 함께 붙여보자. 이 재료들로 당신의 꿈을 밝힐 비밀창고를 만들어 보는 것이다. 그곳은 당신의 화장대 거울일 수도 있고, 책상 앞이거나 냉장고 앞일 수도 있다. 당신이 자주 가는 공간이라면 어디든 상관없다.

동기부여 2: 나만의 인생 설계도

유지동기를 높일 수 있는 로드맵 중심적 상상은 목표를 달성하기까지의 모든 과정을 생생하게 상상하는 것을 말한다. 인생 설계도라고 불러도 좋고, 꿈을 이루는 지도라 볼 수도 있다.

꿈을 꾸고 상상하는 것을 좋아하는 편인 사람들도 대개 시발동기를 끌어올리는 결과 중심적 상상 기법을 사용하는 것으로 만족한다. 그저 자유롭게 상상하는 것이니 어렵지 않고, 기분도 좋아지고 정말 꿈을 이룬 것 같은 착각을 마음껏 할 수 있으니 황홀하고 짜릿할 것이다. 그 순간만큼은 하늘을 날 것처럼, 원하는 모든 걸 다 얻을 것처럼 꿈에 부풀어 있게 된다.

그러나 나를 비롯한 많은 사람이 꿈을 꾸는 이 '결과 중심적' 단계에서 더 나아가지 못하고 멈춰버린다. 그리고는 오래지 않아 꿈은 현실과 다르다는 걸 깨닫고, 헛된 망상이나 몽상에 불과했다고 체념한다. 당연한 얘기다. 꿈은 의미의 휘발성이 강하기 때문에 결과 중심적 상상에서 멈춰 버리면 금세 몽상으로 변질된다. 그래서 무엇보다 꿈을 이루기 위한 구체적인 실천 계획과 실행력이 필요하다. 이를 도와줄 수 있는 것이 바로 로드맵 중심적 상상 기법이다.

이 로드맵을 막상 시작해보려고 하면, 아주 현실적으로 세세하게 조사하고 단계별로 구체적인 수행 계획을 짜야 하기 때문에 귀찮게 여겨질 수도 있다. 최대한 부담을 덜어놓고, 남들이 옳다고 인정하는 정답을 찾는 일이 아님을 염두에 두어야 한다. 우리는 목적지를 놓치지 않기 위한 방향과 경로를 생각해보자는 것이지, 절대 실패하지 않을 완벽한 계획을 짜자는 것이 아니다. 얼마든지 뒤틀리고, 뒤바뀌어도 무방하다. 여행 정보를 샅샅이 조사하고 계획을 꼼꼼히 세웠다 해도 여행지에 가서 직접 경험하는 일은 완전히 다른 것처럼 말이다.

❧

내가 사는 곳 옆에는 큰 공터가 있다. 매일 아침 출근길에 지나

치는 공터를 보면서 이런 생각을 했다. '저 공터는 앞으로 무엇이 될 것인가?' 아무것도 없이 몇 개월 이상 비어있는 척박한 땅을 보면서 다시 시작하고 있는 내 상황을 이입했다. 그곳이 울창한 숲이었으면 좋겠다는 상상을 해보았다. 아니면 지나가는 사람들에게 잠시나마 쉬었다 갈 수 있도록 큰 나무와 벤치들이 놓여있는 상상을 해보았다.

하지만 아무것도 없는 척박한 땅이 꽃과 열매가 자라나는 울창한 숲으로 변하는 것은 상상만으로는 불가능하다. 간절히 소망한다고 해서 저절로 되는 것이 아니다. 씨앗을 뿌리고 땅에 필요한 양분을 찾아 공급하며, 내가 뿌린 씨앗의 성장을 가로막는 것들을 제거해주는 수고를 해야 한다. 때로는 단비를 내려달라고 기도해야 한다. 꿈을 키우고 이루려면 농부의 자세를 닮아야 한다. 말로, 머리와 마음으로만 꿈을 이루려고 하지 않고, 행동으로 꿈을 수확하는 농부처럼 묵묵하게 정성을 쏟는 자세 말이다.

그렇다면 어떤 정성을 쏟아야 할까? 꿈을 이룬 모습을 상상해보고 내가 원하고 바라는 게 무엇인지 떠올렸지만, 막상 시작하려니 어떻게 어디서부터 해야 할지 모르겠다는 생각이 들 것이다. 무엇을 해야 할지 몰라서 하루 이틀 생각만 하다가 흐지부지되는 경우가 많다. 시간이 지날수록 '그게 되겠어? 꿈도 야무지지.'라는 생각이 몰려오면서 다시 꿈을 꾸기 이전의 모습으로 돌아가곤 하는 것이다.

그렇기에 어제의 간절했던 꿈을 놓치지 않도록 아주 작은 것이라도 실천하면서 한 걸음씩 나아가는 것이 중요하다. 1953년 최초로 에베레스트를 오른 에드먼드 힐러리 경 Edmund Percival Hillary은 어떻게 에베레스트를 올라갔냐는 질문에 이렇게 이야기했다. "한 발 한 발 걸어서 올라갔어요. 진정으로 바라는 사람은 이룰 때까지 합니다. 안 된다고 좌절하지 않아요. 안 되면 방법을 달리합니다. 방법을 달리해도 안 될 때는 그 원인을 분석합니다. 분석해도 안 될 때는 연구합니다. 이쯤 되면 운명이 손을 들어주기 시작합니다."

꿈

지금부터 본격적인 실전에 들어가는 것이라고 할 수 있다. 이제 간절히 원하고 바라면 이루어진다는 순진한 믿음은 치워버리고, 로드맵 중심적 상상으로 좀 더 깊이 들어가 보자. 꿈을 이루기 위한 경로가 그려지고, 단계별로 실천 계획이 구체화 되면 시작하기가 훨씬 수월해질 것이다.

실천력이 뛰어난 사람들은 낙관적인 사고와 비관적인 사고를 동시에 하는 '양면적 사고'를 지니고 있다고 한다. 즉 낙관적인 사고를 통해 원하는 상태를 이룬 자신의 모습을 생생하게 상상하고 거기서 얻게 될 이득을 최대한 찾아내는 것과, 동시에 비관적 사고를 통해 목표 달성 과정에서 겪게 될 난관이나 돌발 사태를 예상하며 이에 대한 대비책을 마련하는 것이다. 로드맵 중심적 상상을 사용하여 지도를 작성하는 요령을 소개하려 한다. 우선 큰 종이를 준비한 후 다음의 단계를 따라 해보자.

첫째, 이루고 싶은 간절한 꿈이나 목표를 떠올려보자. 결과 중심적 상상으로 떠올렸던 이미지를 그대로 사용해도 무리가 없다. 이것이 당신이 가고자 하는 목적지가 되는 것이다. 그리고 현재 내가 서 있는 출발점을 정한다. 출발점과 목적지가 정해졌으면 종이에 표시한다. 출발점을 시작으로 목적지까지의 과정을 연결하는 선을 그려 넣는다. 어떤 이들은 목적지까지 올라가는 계단 혹은 피라미드로 표시하기도 하고, 또 다른 사람들은 구불구불한 선이나 직선으로 표시하기도 한다. 아니면 단순한 블록들을 여러 개 그려 넣고, 한 블록씩 채워나가는 방법도 있다.

둘째, 목적지에 목표 달성 일자와 나이 등 현실적이고 명확한

데드라인을 구체적으로 적어놓는다. 현재 출발점에도 날짜와 나이를 적는다.

셋째, 목적지까지 가는 데 반드시 거쳐야 할 중간 목표들을 적고, 역시 중간 목표 달성 날짜와 나이를 적는다.

넷째, 목표를 달성할 방법들을 적어본다. 그리고 장애 요소로 작용할 만한 것과 그에 대한 대비책 역시 적는다.

다섯째, 목표를 이루기 위해 내게 도움이 될 만한 사람들을 떠올려보고 어떻게 도움을 얻을 것인지 적어본다.

여섯째, 목표를 달성하는 데 필요한 기술이나 자원들을 적어본다. 현실적으로 내가 배우거나 개발할 수 있는 것이 무엇이고, 어떻게 얻을 것인지를 적는 것이다.

마지막으로, 목표 달성을 위해 세부적인 일정표를 작성한다. 지금부터 당장 해야 할 것을 하나씩 실천에 옮길 수 있도록 말이다.

로드맵을 작성했다면 자주 볼 수 있고, 보고 싶도록 보기 좋게 꾸며보자. 최종 목적지나 중간 목적지에 내가 이루고 싶은 모습의 사진이나 이미지를 붙여놓고 꿈을 향한 발걸음을 응원할 수 있는 메시지를 적는다. 자주 볼 수 있는 공간에 붙여놓고 수시로 바라보면 오늘의 작은 걸음이 최종 목적지까지 필요한 소중한 걸음이라는 것을 상기시키고 실천을 유지하도록 안내할 것이다.

～

사실 로드맵을 그리는 과정은 다소 귀찮고 유치한 작업으로 느껴질 수 있다. 아이들이나 하는 것으로 치부되기 쉽다. 하지만 마음속의 그림으로만 간직하기보다 실제 눈에 보이도록 하면 곱절의 효과를 기대할 수 있다. 애나 어른이나 사람들은 대부분 시각적인 정보의 영향을 가장 많이 받기 때문이다.

마흔 여성을 대상으로 했던 소망 달성 프로젝트에 참여했던 현주 씨는 친정아버지와 더 친해지고 싶다는 바람을 품고, 그 바람을 이루기 위한 6개월 동안의 실행 계획을 짰다. 한 달에 한 번 아버지가 좋아하시는 등산을 함께 하는 것을 세부 목표로 정했고, 일주일에 한 번 이상 안부 전화를 드리기로 계획했다. 비가 오는 날에는 등산을 할 수 없으니, 대비책을 생각해 로드맵에 추가하는 것도 잊지 않았다. 현주 씨는 6개월간 실행에 옮겼고 친정아버지와의 추억을 쌓아가는 과정을 통해 전보다 더 긴밀한 관계가 되었다.

그동안 '계획'이라는 것을 미루고 있었다면 일단 로드맵이라도 작성해보자. 마치 다림질을 한 것처럼 꿈이 펼쳐지는 느낌을 받을 수 있다. 희망이 보일 것이다. 마냥 미루는 일이 줄어들 것이다. 이

내 아주 작고 사소한 몸짓으로 보일지라도 목적을 향해 내딛는 발걸음의 힘이 나에게도 존재한다는 것을 목격하게 될 것이다.

제3단계, 걸림돌을 제거하라

언제까지 핑계만 댈래?

부부갈등으로 상담실을 찾은 은숙 씨는 남편의 순간순간 불같이 화를 내는 행동에 너무 겁나서 아무런 액션도 취하지 못하고 숨죽여 지냈다. 무슨 반응을 보이면 상황이 더 악화될까 봐 그냥 참을 수밖에 없었다. 그래서 결국엔 화병을 얻었다. 나는 그녀에게 물었다. "혹시 어떤 반응을 보였다가 진짜 폭행을 당하거나 상황이 더 악화된 적이 있었나요? 은숙 씨가 이런 마음이라는 것을 남편에게 이야기해 본 적은 있나요?"

은숙 씨는 잠시 멈칫하더니 고개를 저었다. 자신이 보인 반응 때문에 맞은 적이 있거나 상황이 악화된 적은 없고, 얘기해봤자 소용없을 것이라고 단정 짓고 아무런 시도를 하지 못했다고 했다. 그녀는 최악의 시나리오를 상상하면서 매 순간 남편의 눈치를 보았고, 남편의 불같은 성격 때문에 어떤 액션도 취할 엄두를 못 냈던 것이다.

우리는 삶이 더 나아지기를 바라고, 저마다 이상(理想)을 바라지만 실천해야 할 수많은 미션들이 존재한다는 것은 잘 인식하지 못한다. 설사 알고 있더라도 수많은 이유를 대면서 뒤로 미루기도 한다. 외부상황이나 남 탓, 또는 기분이나 컨디션 탓을 하면서 말이다. 뭔가 해보려고 마음먹어도 잘 안 된다 싶을 때, 우리는 시도하지 않아도 될 만한 그럴듯한 핑곗거리를 잘도 찾아낸다. 그래야 실패할지도 모른다는 두려움을 피할 수 있고, 또 혹시나 포기하거나 실패했을 경우에 상하기 쉬운 내 자존심을 약간이라도 보호할 수 있기 때문이다. 실제 꿈을 향해 가는 일에는 생각지도 못한 수많은 방해물을 만나게 되고 불운이 닥치거나 온갖 돌발사태가 발생하기도 한다. 마치 보이지는 않지만 '꿈'이라는 인격체가 나를 시험하기 위한 얄궂은 장난을 치는 것처럼 느껴질 때가 있다.

❧

《꿈이 이끄는 삶》의 저자 조 비테일Joe Vitale은 "누구나 꿈을 이룰 수 있다. 꿈은 우리를 기다리고 있으며 간절히 원하기만 하면 된다. 하지만 이를 위해서는 안 된다는 의심과 반대 생각을 깨끗이 지워야 한다. 그리고 반드시 행동으로 옮겨야만 한다."라고 했다. 실제로 우리의 삶을 방해하는 가장 큰 장애물은 외부에 있는게 아니라 바로 우리 내부에 있을 때가 많다. 우리 내부에 있는 울타리부터 걷어내야 한 발자국이라도 앞으로 나갈 수 있다. 그렇지 않으면 언제나 주변에서 핑곗거리를 찾고 스스로를 합리화하기 바쁠 것이다. 어쩌면 해보기도 전에 걸림돌부터 찾는 것이 습관이 되었는지도 모른다. 될까, 안 될까 하는 불안과 의심이 만들어낸 수많은 방해물들 말이다.

마흔의 우리가 꿈을 마주할 때 언급하는 핑곗거리 중 가장 흔한 것은 바로 '나이 듦'이다. 나이가 들어서 사회가 '성숙함'을 바라는 지점에 이르러, 어린 애처럼 꿈꾸는 것이 민망하기도 하고, 현실성이 전혀 없어 보이기도 하는 것이다. 그러나 마흔에 삶을 다른 자세로 대하기로 마음먹었다면, 남들 다 하는 그저 그런 나이 듦이 아닌 진취적이고 주체적으로 늙어가는 용기가 필요하다.

만약 당신에게 아이가 있고 그 아이를 위한 일이라면 당신은 고가의 학원비를 망설임 없이 지불할 것이다. 주체적으로 늙어가는 용기란 바로 내 주변에 있는 것들에 대한 책임을 조금씩 내려놓는 것이다. 스스로의 가치를 주변 사람들, 환경 탓을 하며 그들의 성과로 환산하지 않는 것이다. 마흔의 여성은 대체로 알 수 없는 수

많은 종류의 부채감을 안고 살아간다. 아이와 가족, 사회, 생활 전반에 걸친 부채감은 이내 나의 삶을 가로막는 변명거리로 전락한다. 그것은 '나이 듦'에 대한 편협하고 잘못된 생각이다. 주체적으로 늙어가는 사람들은 결코 주변에 대한 책임을 통해 본인의 가치를 격상시키지 않기 때문이다. 노화와 노안의 증상을 보며 젊고 좋은 날은 다 갔다는 생각이 왕왕 들지라도 수동적인 나이 듦에 순응하지 않는 삶, 작지만 순응에 맞서는 혁명적인 삶은 작은 불씨에도 타오르게 마련이다.

오늘 하루만이라도

'오늘은 왠지 아무것도 손에 안 잡히고, 뭘 해도 잘 될 것 같지 않은 기분이야. 아무래도 하지 말아야 할 것 같아.' 어제까지만해도 새로운 도전을 위해 마음을 다잡았는데, 막상 오늘 아침에 눈을 떠보니 어제의 기분과 달리 설렜던 마음도 의욕도 사그라질 때가 있다. 동시에 '과연 잘 할 수 있을까? 얼마나 걸릴까? 정말 내가 재능이 있기는 한 걸까? 시간과 비용이 얼마나 들지도 모르고 얼마나 많은 노력을 해야 할지 모르는데 너무 무모한 게 아닐까? 괜히 시작했다가 아이들과 집안일에 소홀해지는 거 아닐까? 육아도 집안일도 제대로 못 하면서 내 욕심에 괜히 하지도 못할 일을 벌이기만 하는 거 아닐까?'라는 끝도 없는 의구심이 꼬리에 꼬리를 물고 일어날 때도 있다. 결국 하기로 마음먹었던 일도 왠지 하지 말아야 할 것 같은 기분, 하지 못할 것 같은 기분이 이어지는데 이렇게 계산하고 의심하는 순간 어제의 열정도 사라진다.

෴

오하이오대학 심리학 교수인 타냐 차트랜드Tanya L. Chartrand는 왠지 모르게 안 될 것 같은 이러한 기분 상태를 '미스터리한 기분'이라고 명명했다. 이러한 기분은 빈도가 잦은 편이면서 그 위력 또한 강력해서 우리는 종종 걸려 넘어지고, 결국 변화를 위한 다짐과 시도가 꺾이기도 한다. 명확한 근거도 없고 정확한 이유도 모른 채 '왠지 모르는' 이런 미스터리한 기분에 굴복당하는 것이다.

진로 상담계의 최고 권위자로 꼽히는 존 크럼볼츠John Krumboltz는 이러한 상태를 익숙함과 확실성을 추구하는 인간의 본성에서 비롯된 것이라고 말했다. '익숙함과 편안함'에서 멀어지려고 할 때 '하지 말아야 하는 것'과 같은 여러 이유를 대면서 저항하게 된다는 것이다.

정체 모를 기분으로부터 탈출하고 싶다면 해답은 간단하다. 이 찜찜한 기분이 사라질 때까지 가만히 기다리는 것보다 생각 없이 행동을 시작하는 것이다. '지금은 뭔가 불길해. 이런 기분 상태에서 하면 꼭 일을 망친다니까. 언젠가 확신할 수 있는 날이 오겠지. 그때 다시 시작해도 괜찮아.'라고 합리화해서는 안 된다. 나의 경험을 반추해 보았을 때, 그런 날은 오지 않는다. 매번 그 순간의 기분에 걸려서 갈팡질팡 오르락내리락할 뿐이다. 그렇기 때문에 미스터리한 기분을 믿지 말고, 행동으로 옮긴 후, 달라진 기분을 주목하는 것이 효과적이다. 또한 미스터리한 기분이 들 때는 분석하지 않는 것이 합리적이다. 어떤 이들은 '내가 왜 이런지 이유를 알고 나면 기분이 달라질 거야.'라는 기대로 끊임없이 정체 모를 기분을 파헤치고 분석한다. 하지만 답은 나오지 않고 더 깊은 안개 속에서 헤매게 될 가능성이 다분하다. 기분은 생각의 전환 혹은 행동을 달리했을 때 변화될 수 있기 때문이다.

마틴 루터 킹 주니어Martin Luther King Jr.는 이렇게 말했다. "계단 전체를 한눈에 담을 필요는 없다. 그저 먼저 첫 칸부터 올라서라." 순자 역시 "천리마도 한 번 뛰어 열 걸음 갈 수 없으며 보통 말이라도 열흘이면 준마가 하루 가는 길은 갈 수 있으니, 그 까닭은 쉬지 않고 계속 가기 때문이다."라고 했다. 아무리 거창하고 멋진 꿈과 계획이 있더라도 이를 실행에 옮기지 않으면 아무것도 얻을 수 없는 그림의 떡이 된다.

그래도 가야 할 길이 너무 멀고 끝이 보이지 않아서 시작할 엄두가 안 나고, 괜한 것에 시간과 에너지 소모하는 게 아닌지 후회할까 봐 두렵고, 여전히 '오늘 말고 좀 더 생각해 본 후에 시작하자.'라는 마음의 소리가 들린다면, 스스로 적은 로드맵을 가만 들여다 본 후 일단 오늘 하루에 할 수 있는 가장 쉬운 한 가지를 해보자. 처음 시작할 때는 이렇게 아주 작고 사소한 것부터 해야 한다. 많은 시간을 들이지 않더라도 시작만 한다면 얼마든지 성취할 수 있는 것부터 해야 작은 성공이라도 성취감이 생겨서 앞으로도 계속 더 해봐야겠다는 동기가 생긴다. 실패를 맛보더라도 거창한 노력이 필요치는 않으니 이 소소한 실패는 당신에게 막대한 피해를 주지 않을 것이다. 오히려 다음엔 다른 방법으로 시도해야겠다는 팁을 얻을 수도 있다. 성공과 실패에 상관없이 이미 무언가를 시도했다는 자체가 성공적이라고 할 만하다.

결국 내가 원하는 삶, 목표, 꿈이라는 큰 그림을 완성할 수 있는 작은 퍼즐 조각들을 찾아보자는 이야기로 요약된다. 커다란 꿈과 목표를 향해 가고자 하는 내 마음에 저항하는 수만 가지의 이유들, 즉, 내면의 속삭임과의 신경전을 최대한 줄이는 방법이다. 최대한 작은 단위로, 구체적으로 쪼개서 당장 할 수 있도록 만들어라.

제4단계, 꾸준히 가라

버티는 것도 용기다

흔한 말로 끝까지 버티는 사람이 이기는 것이라고 한다. 아마 현대 사회를 살아가는 사람들 모두 버티는 삶을 살고 있다고 해도 과언이 아닐 것이다. 최근 들어서는 버티는 것도 용기이고, 능력이라는 생각이 든다. 나처럼 심리 상담을 하는 사람들은 대부분 언젠가 자기 이름의 개인 상담소를 차리는 것을 꿈꾼다. 물론 개인 상담소를 차리는 것도 쉬운 일은 아니지만, 개업을 했으면 유지의 숙제가 따라오기 때문에 그것이 궁극적인 목표가 될 수는 없다. 이미 개업한 선배나 동료들을 만나면 한결 같이 무조건 3, 4년은 버텨야 한다고 조언한다.

상담소를 알리는 일부터 시작해서 상담소 청소에, 문의 전화 받고 예약을 잡는 일이며, 홍보를 위해 할 수 있는 전략을 틈틈이 고민해야 하고, 정기적인 세무 처리 업무까지 모든 작업을 혼자서 다 수행해야 하는 멀티플레이어가 되어야 한다. 몰라서 배워야 할 업무들이 너무 많기에 쉽게 지치고, '내가 잘 가고 있는 건가?' 끊임없이 의심하게 된다. 이 상황에 무조건 버텨야 한다는 말은 다른 게 아니라, 그런 자기 의심과의 싸움에서 지지 말고 승리해야 한다는 의미이다.

어디 개업한 상담사에게만 해당 되는 이야기일까? 세상에 혼자 던져져 보이지 않는 적과 외로운 전쟁을 치르고 있는 사람은 어디에 가도 찾아볼 수 있다. 마흔 여성들도 예외는 아니다. 새로운 삶을 꿈꾸는 모든 여성은 누구나 현실의 고단함을 버티고, 불투명한 미래와 실패에 대한 두려움을 버텨내야 한다. 무언가 시작하려고 할 때마다 방해하는 내면의 속삭임으로부터 자신을 지켜야 하고, 익숙하고 편안한 상태로 돌아가고 싶은 유혹으로부터 스스로를 지켜내야 한다.

그렇다면 어떻게 버틸 것인가. 이를 악물고 참거나 싸우자는 것이 아니다. 지치고 힘들 때, 끝이 보이지 않는 것 같아 포기하고 싶을 때는 버티는 힘이 되어주는 말 한마디를 떠올려보는 것이 좋다. 책 속에 있는 좋은 문장이 될 수도 있고, 내게 소중한 누군가가 나에게 해주었던 따뜻한 응원의 메시지가 될 수도 있다. 그것도 아니라면, 그냥 지금의 나에게 해주고 싶은 격려의 말 한마디여도 괜찮다. 눈을 감고, 마음속 깊은 곳에서 들려오는 말을 들어보는 것이다. "이대로도 충분히 괜찮아.", "힘들 땐 잠시 쉬었다가도 돼.", "네가 지금까지 얼마나 열심히 해왔는지 다 알고 있어.", "진짜 애썼다." 흔들리고 지쳐있는 나에게 따뜻한 손을 건네고 내 마음을 토닥일 수 있는 말 한마디면 족하다.

의식적으로는 꿈을 이루기를 원하고 실제 이루기 위해서 매일매일 애쓰며 살아가면서도, 무의식적으로는 나도 모르게 힘이 빠지는 말로 꿈에 이르는 길에 역행하는 행동을 하기도 한다. 예를 들어 뭔가 일이 술술 풀리지 않는다고 여겨질 때가 있다. 그런 순간이면, 내면에서 이런 소리가 자근자근 들린다. "역시 무리야. 힘들어 죽겠네. 아무리 열심히 해도 달라지는 게 없잖아. 그냥 포기할까?", "무슨 영화를 보겠다고 이렇게 고생을 사서 해야 하는 거지?" 그러면 갑자기 힘이 빠지면서 우울해지고 무기력해진다.

상상의 힘만큼이나 말의 힘은 강력하다. 《2억 빚을 진 내게 우주님이 가르쳐준 운이 풀리는 말버릇》의 저자 고이케 히로시는 긍정적인 말버릇으로 실제 2억의 빚을 모두 갚고 인생을 역전시키는 데 성공한 사람이다. 고이케 히로시는 힘 빠지는 말버릇을 버리고, 이미 꿈이 이루어진 것처럼 "감사합니다."를 수만 번 반복하라고 한다. 아무리 꿈을 정하고, 한 걸음 나아가려고 해도 순간 순간 일어나는 두려움으로 점철된 내면의 소리가 존재하기 때문에, '감사하다.'나 '괜찮다.' 등 이를 대체할 만한 긍정적이고 강력한 메시지를 늘 함께 지니고 가야 한다.

잘 버티기 위해서는 지금 할 수 있는 것을 꾸준히 묵묵히 하는 힘이 필요하다. '꾸준함'을 나의 무기로 삼을 수 있을 때까지 버텨야 하는 것이다. 동시에 너무 지쳐서 중간에 포기하고 싶을 때마다 나를 일으켜 줄 따뜻한 말 한마디를 외치는 습관이 필요하다.

버티는 것도 용기다. 오로지 내가 진정 원하고 바라는 삶을 위해 사방에서 불어오는 맞바람에 밀리지 않으려고 버티고 서 있는 우리 자신을 떠올려보자. 용기 내어 한걸음 내딛을 때마다 응원의 박수와 함께 "지금까지 잘 해왔어. 충분히 잘하고 있어."라고 자신을 격려해주어라.

당신의 드림팀은 누구입니까?

드림팀. 왠지 스포츠 용어 같이 들린다고 생각하는 순간, 오래전 일요일 오전에 방영했던 TV 프로그램이 떠오른다. 운동을 잘하는 유명 연예인들로 구성된 드림팀이 출연하여 상대팀과 멋진 승부를 펼치는 예능 프로그램말이다.

꿈이라고 해서 드림팀이 필요 없을까? 삶에 있어 든든한 조력자를 가지게 된다는 건 최고의 행복이다. 최강의 드림팀을 가지고 있다면 정말 무서울 게 없을 것이다. 나에게는 꿈을 이루는 데 도움이 되는 사람들이 몇 명이나 될까? 라는 의문이 들기 시작한다.

&

상담소를 열면서 드림팀의 필요성을 확실히 인식하게 되었다. 생각지도 못했던 많은 분들이 진심으로 응원해주시고 아낌없이 조언해주셨다. 처음 오픈을 할 때는 충분히 준비가 되지 못한 채 개원을 하고, 사람들에게 공식적으로 이를 알려야 된다는 게 부담스럽고 부끄럽기까지 했다. 그러나 이것이 얼마나 큰 착각이었는지를 깨닫게 되었다. 내 성장을 방해하는 가장 큰 걸림돌은 나를 둘러싼 환경이 아니라, 내 스스로 만든 마음의 감옥이었다.

가족과 오랜 친구와 선후배, 지도교수, 함께 일했던 동료와 이웃들을 비롯해서 최근에 인연을 맺은 모임에서 만난 사람들에게 무조건적인 지지와 응원을 받았다. '사회'라는 공동체를 살아가는 우리는 혼자 하는 일이라도 결코 혼자 하게 되지 않는다. 비록 꿈이란 나혼자 꾸는 것이었지만, 그것이 현실화되기 까지 이어져온 수많은 인연을 배제할 수는 없는 노릇이다. 가까이 있어주는 든든한 아군일수록 꿈은 전염되고 서로의 꿈을 응원하고 지원하면서 함께 성장한다.

'화가의 아내로, 작가의 남편으로 새 인생 활짝'이라는 제목의 신문기사가 있었다. 부부는 5년 전 은퇴 후에 서로의 꿈 찾기를 응원하기 시작해서 남편인 노승기 씨는 늦깎이 데뷔 개인전을 열었고, 아내인 장진영 씨는 산문집을 출간했다. 장진영 작가가 신문 인터뷰에서 이렇게 말했다. "타인은 포기하고 나 자신에게 유의미한 경험을 선택했다. 독자도 한 사람이면 충분하다." 아내는 생일 선물로 팔레트와 물감을 사주면서 남편의 은퇴 후 시작한 꿈을 응원해주었다. 남편 역시 아내에게 집필실을 선물하고 1인 출판사를 차려 아내의 오랜 '작가의 꿈'을 되찾아주었다.

함께 가야 멀리 갈 수 있다는 말처럼 아무리 힘이 들어도 함께할 누군가가 있을 때 힘이 나는 법이다. 결국 꿈이란 혼자만의 성취와 목표 달성보다, 그 지난한 과정을 함께 나누고 서로의 성장에 기여할 수 있다는 것에, 그리고 그로써 삶의 자세와 태도를 새로이 정비할 수 있다는 것에 깊은 의의가 있다.

힘들고 지칠 때 우리를 격려하고 응원해줄 수 있는 나만의 드림팀을 구성해보자. 드림팀이라는 단어가 거창하게 들리거나 거부감이 든다면, 그냥 내 편이라고 해도 무방하다. 내 꿈과 삶을 지켜봐주고 응원해주는 사람이라면 누구든지 드림팀 멤버가 될 수 있다.

주변을 돌아보라. 나를 위해 하는 말이라면서 "현실을 똑바로 봐야지. 그게 되겠어? 네가 아직도 꿈꾸는 소녀라고 생각해? 어디 끝까지 가나 내가 두고 볼게. 말도 안 되는 소리하네."라고 하는 사람들이라면 경계해야 한다. 그들은 나의 드림팀 멤버로 부적격이다.

나의 꿈을 위해 주변인들을 희생시키라는 것이 아닌, 당신의 로드맵을 살폈을 때 그 길목마다 만나게 되는 사람들과 나의 꿈, 상대의 삶과 나의 가치가 서로에게 영향을 주는 사람들과 함께 가는 것이다. 서로가 서로의 길동무가 될 수 있는 관계를 찾아라. 당신의 꿈을 마음 편하게 나눌 수 있는 사람과 자주 만나고, 당신 가까이 두고 싶은 사람과의 연을 시작해라.

5장 죽기 전에 안 해봤다고 후회하지 말 것

시간이 있을 때 장미를 따라.
지금 아니면 시들어 버릴 장미,
내가 보지 못한 내 안의 장미를 따라.

새로운 '자기'를 발견하라

"내가 다른 사람의 기대를 충족시키기 위해 이 세상을 사는
것이 아니듯, 세상도 반드시 내 기대를 충족시킬 필요는 없다."

게슈탈트 심리치료의 창시자인 프리츠 펄스 Fritz perls가 남긴 말
로 상담을 막 시작했을 무렵에 내 가슴 속으로 훅 들어왔던 메시
지다. 얼마나 명쾌하게 들리던지, 한동안 삶의 좌우명으로 삼을
정도였다. 누구도 내 삶에 책임을 지지 않는다. 그렇기에 다른 누
군가의 기대대로 살 필요도 없고, 세상을 이렇게 살아야 한다는
법칙도 답도 없다. 누구에게나 한 번뿐인 인생이기에, 각자의 몫
만큼 살면 되는 것이다. 나이가 더 많다고 더 잘 사는 것도 아니고
더 지혜로운 것도 아니다.

2003년에 미국에서 발표된 한 심리학 연구에서 무작위로 모집

한 소비자 천여 명을 대상으로 다음과 같은 질문을 했다.

첫째, 당신이 적금 만기가 되어 받은 현금 100만 원이 있다고 한다면 가지고 싶었던 명품가방이나 시계를 살 것인가, 아니면 가고 싶었던 여행을 갈 것인가?

둘째, 지금까지 살면서 구매한 중요한 것들 여섯 가지를 써보라. 소유하기 위해 구매했던 것 세 가지와 경험을 위해 구매했던 것 세 가지를 생각해보라. 그 중에 하나 이상의 구매를 포함시켜서 당신은 어떤 사람인지 이야기해 보라.

셋째, 당신이 살면서 구매했던 소유물 혹은 경험을 생각해보고 그 구매가 얼마나 만족스러웠는지 생각해보라. 만약 당신이 그 구매를 취소하고 다른 선택을 할 수 있다면 어떤 선택을 할 것인가? 선택을 변경하였다면 당신의 현재 모습은 얼마나 달라졌겠는가?

그 결과 소득 수준이 높을수록 소유물을 구매했을 때 보다, 경험을 구매했을 때 더 큰 행복을 느끼는 것으로 나타났다. 또한 경험을 구매하기 위해 돈을 쓴 경우에 이를 자기에 관한 이야기에 포함시킬 가능성이 두 배 정도 높은 것으로 나타났다. 마지막으로 만일 취소를 할 수 있다면 경험 구매보다는 소유물 구매를 취소하고 싶다는 의견이 더 많은 것으로 나타났다.

사람들은 나다움을 표현하고 자기 정체성을 확고히 하고 싶은 욕구가 있으며, 자신만의 스토리를 가지고 싶어 한다. 특히 자존감이나 나다움, 자기 성장, 자기 계발이라는 단어가 하나의 트렌드가 되어버린 요즘을 바라보면 더욱 그렇게 느껴진다. 자신에 대해 확실한 무언가를 말하고 싶어 하고, 증명해내고 싶어 한다.

자신만의 스토리를 구성하고 각색하기에는 경험만큼 좋은 소재가 없다. 나다움은 결국 경험을 쌓아나가는 과정을 통해 만들어지는 것이고, 경험을 통해 배우고, 변화되고, 성장할 가능성이 높다고 볼 수 있다. 기억에 남을 특별한 경험이 없다고 말하고 싶어도, 아무리 평범한 인생이라도 풀어낼 이야기는 있게 마련이다. 누구나 자기 인생의 주인공이기에 스토리 없는 삶은 없다. 지금까지 써 온 이야기는 과연 어떤 내용일까? 펼쳐 보이고 싶지 않은 것, 후회스러운 것투성이일까? 지나온 과거가 후회와 미련뿐이라면, 앞으로는 보다 나은 이야기가 펼쳐지길 바랄까?

✎

인생의 새로운 관점을 얻기 위해서 여행하다 보면 가보지 못한 곳에 새로운 통찰이 존재하는 순간을 마주하게 된다.

중국에 사는 동안 우리 가족은 시간이 될 때마다 여러 지방으로 여행을 다녔다. 알다시피 중국은 어마어마하게 넓은 대륙이라서 중국 내 여행일지라도 비행기를 타고 가야 하는 경우가 많았다. 더욱이 상하이나 베이징과 같은 대도시를 제외하고는 더럽고 불편하다며 중국 여행을 꺼리는 사람도 은근히 많다. 하지만 중국에서 사는 동안만이라도 되도록 다양한 지역을 돌고 각지의 다른 특색을 경험하고 싶었다. 가장 먼저 선택한 여행지가 '리장(한국말로 여강)'이라는 곳이었다. 한족이 아닌 소수 민족들로 구성된 지역이고, 그들만의 문화가 고스란히 전해져 내려오는 곳이다.

중국은 각 지방 여행지마다 '라오청'이라고 부르는 고성이 있는데 그 안에서 물건 파는 상점들과 식당, 찻집들이 관광객을 상대로 영업을 한다. 리장에 있는 라오청으로 들어섰을 때 흘러나오던 노래가 좋아서 바로 음반을 구입했다. 사실 음반이라고 부르기도 애매한 복제된 음악 CD였다. 음질은 상당히 안 좋았지만, 리장을 추억하며 듣기에 안성맞춤이었다. 정서적으로 안정감과 즐거움을 주는 유쾌한 노래가 마치 그 지역 사람들의 순박하고 편안한 인상을 그대로 담고 있는 듯했다.

나는 어릴 때부터 개를 무서워한다. 작은 강아지라도 앙칼진 목소리로 짖어대면 내 몸은 바짝 얼어붙는다. 처음 리장에 갔을 때 가는 곳마다 개들이 돌아다니고 있어서 얼마나 두려웠는지 모른다. 그런데 가만 보니 그곳의 개들은 우리가 아는 애완견이 아니었다. 오히려 우리나라 시골에 가면 흔히 볼 수 있는 그런 외모의 개들이었다. 목줄은커녕 누가 주인인지도 모르고, 진짜 주인은 있는 것인가 싶을 정도로 자유롭게 돌아다니는 개들. 개는 마치 그들이 그 땅의 주인인 것처럼 아주 당당하게 살고 있었다. 더 이상 그들은 개가 아니었다. 사람이건 개건 구분 없이 함께 어울려 더불어 사는 지구 종족일 뿐이라는 생각마저 들었다. 사람을 따라가지도 않고, 반갑다고 짖어대지도 않고 그냥 자기 갈 길을 가는 사람들처럼 말이다. 그래서 처음에는 너무 무서웠던 개를 어느새 사람 대하듯이 바라볼 수 있었다. 오랫동안 지녔던 트라우마가, 새로운 문화를 경험함으로써 조금씩 극복되고 있던 것이다.

여행 이야기가 나오면 생각나는 한 후배는 두 달간의 유럽여행을 통해 지금까지 자신에 대해 전혀 몰랐던 부분을 알게 되었다는 이야기를 했다. 그녀 역시 40대 중반을 넘어서고 있는 평범한 주부의 삶을 살다가 지난해 여름에 아이들을 데리고 유럽여행을 떠났는데 구체적인 계획 없이 무작정 떠나서 가고 싶은 대로, 머물고 싶은 대로 여행지를 옮겨 다녔고, 예상치 못한 문제나 위기가 생기면 그때그때 닥치는 대로 해결했다고 한다. 그녀는 자신이 그렇게 여행을 좋아하는지, 또 자신에게 그런 융통성과 위기 해결 능력이 있었는지를 처음 알게 되었다. 그녀는 새로운 자기를 발견한 만큼 앞으로의 삶은 이전과 다른 모습일 것이고, 다른 이야기가 펼쳐질 것이라 믿는다고 말했다.

～

우리는 계속 성장한다. 아이들만 성장하는 것이 아니다. 오래된 기억과 관습, 고집스러운 우리의 신념, 습관과 싸우느라 아이들보다 아주 조금 더디게 클 뿐이다. 나이가 들수록 새로운 경험에 오픈된 마음을 가지기가 쉽지 않다. 나 역시 그럴 때가 더 많다. 그러나 정말 진지하게 말하지만, '앞으로는 설렐 것도 없고 그럭저럭 뻔한 삶을 살겠지.'라고 안일하게 생각할 일이 아니다. 앞으로 어떤 삶을 살지는 아무도 모른다. 지금 편안하고 안락하다고 해서 오늘도 그렇게 살 수 있을지는 정말 모르는 일이다.

지금의 쾌락을 핑계로 성장을 거부하거나 회피하고 있는 것은 아닌지 자문해 보아야 한다. 당장의 쾌락을 챙길 것인가, 성장을 통해 행복한 삶을 살 것인가. 행복에 관한 심리학 이론들을 보면 쾌락주의적인 입장보다는 자기 실현적 입장의 행복을 지지한다. 대표적으로 매슬로우Abraham Harold Maslow의 욕구위계 이론을 떠올릴 수 있다. 우리는 하위 단계인 생리적인 욕구, 안전감의 욕구, 소속감의 욕구가 충족된 상태로 만족해하며 살 수도 있다. 실제 대부분의 사람들이 그렇다. 하지만 우리에게는 상위의 욕구인 존중의 욕구와 자아 실현 욕구도 있다. 이를 충족하며 사는 인생은 편안함을 제공해주지는 않을지 몰라도 궁극적인 자기 성장과 행복으로 가는 길이 될 것임에는 의심의 여지가 없다.

사람들은 죽기 전에 후회되는 것을 물었을 때, 이미 했던 일을 후회하기보다는 하지 않았던 일을 후회한다고 한다. 지난날을 떠올리며 "그때 해보길 천만 다행이지."라고 말할 수 있도록 살아보는 것이다. 결코 특별한 삶을 살아야 한다는 것이 아니다. 보통의 이야기라도 괜찮다. 어떤 경험이든, 어느 누구도 당신과 똑같이 느끼고, 생각하고, 바라볼 수 없기에 당신만의 특점으로 이야기될 수 있다.

젊은 마흔의 초상을 그려라

30대 후반부터 50대 초반까지 다양한 연령대의 여성들이 '홀로서기를 위한 심리학 카페'에 모였다. 이곳에서는 OO의 엄마와 아내가 아닌 자신의 이름으로 참여하여 '나'를 드러내고, 스스로를 이해하고 자신이 원하고 바라는 모습을 향해 한 걸음씩 내딛는 것을 목표로 한다. 그들은 저마다 가지고 온 문제를 해결하고 싶다고 한다. 문제의 유형과 정도는 달라도 중년에 접어든 그들의 이야기는 비슷한 분위기를 풍기고 있다.

❦

다른 참여자들의 이야기를 조용히 듣고만 있던 은지 씨가 자신의 차례가 되자 사람들의 눈치를 살피면서 어렵게 입을 열었다. "내가 미쳤나 봐요. 다들 아이들 이야기를 하셨는데, 사실 전 아이들보다 제가 더 중요해요. 말도 안 되는 거 알지만⋯⋯ 솔직히 저는 연애하고 싶어요. 사랑하고 싶어요. 50을 내다보는 나이에 왜 이러는지 모르겠어요. 하지만 그래도 된다고 허락받고 싶어요. 이 기적이죠?"

그녀는 남편과 연애결혼을 했지만, 아이들을 낳은 뒤 줄곧 별거한 채로 10여 년을 홀로 자식을 키우며 지냈다. 그녀는 사랑받고 싶다고 했다. 사랑받고 싶은 게 무슨 죄도 아닌데 아무에게도 말 못하고 씩씩한 엄마로 살아갈 것을 스스로 강요하며 살아온 것이다. 사랑받고 싶다는 솔직한 고백이 모두에게 공감을 불러와 여기저기에서 비슷한 이야기가 나왔다. 누군가는 나이가 많으면 다 초월해야 한다는 인식에 숨이 막힌다는 말과 함께 분노하기도 했다.

사랑에 대한 욕구는 깊이 소통하고 연결되고 싶은, 인간으로서 살아가는 데 필요한 아주 기본적인 욕구다. 나이가 들었다고 인간의 기본적 욕구와 단절된 삶을 살아야 할까? 내면의 욕구는 억압할수록 오히려 더 간절하고 강렬해지는 법이다. 자신도 모르는 사이 주체할 수 없게 터져나와버리는 감정의 표출이 아닌, 적재적소에 적절하게 표현하며 사는 것이 중요하다.

어려서부터 억눌려온 실현의 욕구가 표출되는 것을 중년의 위기라고 터부시할 일이 아니다. 그것은 더 이상 참을 수 없는 '나'의

속마음이 외치는 구조 신호다. 진짜 나를 만날 시기가 도래한 것이다.

❦

지난해 팔순이셨던 시어머니는 세 며느리에게 종종 "네들은 참 좋겠다. 지금 아니면 못 꾸며. 예쁘게 꾸미고 살아라."라고 말씀하셨다. 어머니 눈에는 40대 후반의 며느리들이 참 젊고 예뻐 보였던 것이다. "어머니도 예쁘게 화장하세요."라고 말씀드리면 "쭈글쭈글한 얼굴에 화장하면 뭐하니? 누가 봐준다고. 다 귀찮다. 네들이나 예쁘게 하고 다녀라." 하시면서도 립스틱을 사다 드리면 곱다고 좋아하셨다. 우리가 청년을 부러워하듯이, 우리의 젊음을 부러워하는 사람들이 있다. 모든 것은 상대적이다.

늘어가는 잔주름과 칙칙하고 탄력 잃은 피부, 더 이상 밤새면서 일하거나 놀 수 있는 열정도 식은 지 오래다. 이름도 몰랐던 낯선 질병에 놀라기도 하고, 질병의 원인이 노화라는 얘기를 듣기 시작한다. 그냥 걸었을 뿐인데, 그냥 앉았다 일어났을 뿐인데 발등에 염증이 생겨 절둑거리던 날, 병원에서 "나이들었다는 증거입니다. 무리하지 마세요."라는 말을 들었다. 아침에 일어나보니 얼굴 뺨 한쪽에 베개에 눌린 자국이 크게 나서 하루 종일 그 자국을 달고 다녔을 때, 시력은 그대로라고 하는데 눈이 침침하고 뻑뻑하고, 눈곱은 왜 그리 자주 생기는지 점점 추잡스럽다는 생각에 서글플 때가 하루 이틀이 아니다. 또한 사사로운 순간에 울컥해질 때도 많다. 마흔에 경험하는 감정들은 그 어느 때보다 다양하고 복잡미묘하고 섬세하다. 이런 복잡하고 섬세한 마흔의 감정을 솔직하게 드러내기 위해서는 큰 용기가 필요하다. 그렇지만 어른이라고, 마흔을 넘겼다고 해서, 아니 그보다 더 많은 나이를 먹었다고 해도 달라지는 건 없다. 우리 안에 있는 욕망들, 감정들은 나이와 상관없이 순수함을 지니기 때문이다. 그렇다고 마흔의 마음을 남에게 모두 솔직히 털어놓을 필요는 없다. 다만, 스스로라도 미묘하고 섬세한 감정의 변화를 받아들일 수 있어야 한다. 그 변화에서부터 삶의 전환이 일어나는 것이다.

인생 앞에서는 우리는 모두 초보다. 아이를 처음 키우는 초보, 마흔이 넘었지만 사랑을 처음 하는 초보, 세상에 먼저 태어났지만 여전히 인생이 어려운 초보, 칠팔십이 넘었어도 죽음 앞에서 벌벌 떨 수밖에 없는 초보. 우리가 매 순간 경험하는 것들은 모두 다 처음이다. 우리는 늘 배워야 하는 초보이다. 특히 나를 제대로 알고 나답게 살아간다는 것 앞에서는 우리 모두가 왕초보다.

《인생에서 너무 늦은 때란 없습니다》의 저자 모지스 할머니는 76세에 그림을 그리기 시작해서 80세에 개인전을 열고, 100세에 세계적인 화가가 되었다. 어느 날 손자의 방에서 도화지와 물감을 보고, 문득 자신도 어릴 때 그림을 그리고 싶어 했다는 사실을 떠올린 후 그림을 그리기 시작했다. "어릴 때부터 늘 그림을 그리고 싶었지만, 76살이 되어서야 시작할 수 있었어요. 좋아하는 일을 천천히 하세요. 때론 삶이 재촉하더라도 서두르지 마세요.", "사람들은 내게 늘 늦었다고 말했어요. 하지만 지금이야말로 가장 고마워해야 할 시간이에요. 진정으로 무언가를 추구하는 사람에게는 바로 지금이 인생에서 가장 젊은 때입니다. 무언가를 시작하기에 딱 좋을 때죠."

사느라고 나를 잃고 꿈도 잊은 채 인생을 빙 돌아서 여기까지 왔다면 오히려 그렇기에 지금이 나를 제대로 발견하기 좋을 때인 것이다. 억울할 것도 없고, 후회하고 한탄할 때도 아니다. 나에게 제대로 집중해야 한다. 그래야 인생의 후반전을 멋지게 보낼 수 있다.

긍정심리학에서는 사람들이 느끼는 행복감의 산출 공식을 다음과 같이 제안하였다.

'행복=유전적 설정(50%)+생활사건(10%)+의도적 활동(40%)'

　재미있는 사실은 복권 당첨이나 결혼, 합격, 승진, 이사, 소득, 직업, 종교 등과 같은 생활 사건이 우리의 행복감에 영향을 미치는 정도가 10%에 불과하다는 것이다. 대신 사람들이 자발적으로 선택해서 노력을 기울이는 목표 지향적인 행동, 자기 계발 혹은 자기 실현을 목적으로 하는 의도적 활동들이 행복감의 40%를 결정한다. 유전적 요소나 생활 사건은 우리의 의지로 통제할 수 있는 영역이 아니다. 특히 생활 사건의 변화는 행복을 결정짓기에 그 영향력이 미미하므로, 여기에 매달린다는 것은 행복을 포기하겠다는 말과 같다. 중요한 것은 우리가 의도적으로 나다움을 발휘할 수 있는 그 무언가를 선택해서 행동으로 꾸준히 옮기느냐가 행복감을 증진시킬 수 있다라는 것이다.

　남보다 특출난 특성을 찾아야 한다면 우리는 위축되고 자신 없어지지만, 내게 특별한 기쁨을 주는 것은 내 기억과 경험에 기반하고, 자신에게 집중하고 관찰하면서 스스로를 새롭게 발견할 수 있게 한다. 나만의 '특출난' 기억을 찾아보라. 나에게 특별한 기쁨이 되는 것은 무엇인지 스스로에게 질문을 던져보는 것이다.

성장을 위한 자극을 찾아라

　호기심을 가지고 하루를 다르게 보내겠다고 아무리 다짐을 굳게 하더라도, 계속 꾸준히 자극하지 않으면 동기가 유지되기 어렵다. 눈 깜짝할 사이 원점으로 돌아가 버린다. 그렇다고 외부에서 계속 새로운 자극을 찾아다니는 것도 불가능한 일이다. 때문에 우리 스스로를 자극할 만한 전략을 계발해야 한다. 바쁜 일과를 보내는 마흔의 여성들에게 '계획'이나 '전략'을 구성하고 실행한다는 것이 또 하나의 스트레스로 작용할 수 있다. 계획은 짰으나 얼마 못 가 흐지부지 되는 경우에 생기는 부채감도 스트레스의 일종이다. 물론 과도한 스트레스는 문제가 된다. 하지만 적절한 스트레스는 오히려 사람을 성장시키고 삶을 윤택하게 만들기도 한다.

　미국의 애리조나 주에 억만장자들이 은퇴 후 모여서 사는 '썬

밸리Sun Valley'라는 곳이 있다. 그곳은 온갖 필요한 시설을 다 갖추었을 뿐만 아니라, 사람 사는 동네에서 흔히 마주하는 얼굴 찌푸릴 만한 일이나 상황도 없는, 말 그대로 평화로운 동네다.

그런데 놀라운 점은 노후를 보내기에 최고의 환경이라고 자부할 만한 이곳 거주민을 대상으로 치매 발병률을 조사한 결과, 일반인보다 치매 발병률이 훨씬 높게 나왔다는 것이다. 이시형 박사가 그 원인을 조사했는데, 첫째로 일상적으로 겪는 '스트레스'가 없고, 둘째로 생활고에 대한 '걱정'이 없으며, 셋째로 생활에 '변화'가 없기 때문이었다.

무엇을 하든 반복적으로 오래 하다 보면 타성에 젖는다. 마흔 이후에는 20, 30대의 삶보다 비교적 안정적이 되고, 큰 변화 없이 같은 일상이 반복되다 보니 편안하지만 무료하고 권태로운 상태에 빠지기 쉽다. 싫은 것은 피해다닐 수 있는 요령도 생기고, 쉽고 좋은 것만 찾는다. 편안함에 중독되어 버리는 것이다. 자극이 없으면 성장은 멈춘다.

마흔을 넘기면서 귀찮다는 말이 입에 밴 민주 씨는 아침에 일어나는 순간부터 귀찮다는 말이 먼저 나온다. 화장을 하려고 거울 앞에 앉았다가도 '예뻐 보일 사람도 없는데 꾸며서 뭐하나.' 싶고, 매일 밤마다 내일부터는 아침 일찍 운동을 하자고 굳게 다짐만 열심히 할 뿐 아침이 되면 '귀찮아. 운동을 한들 무슨 의미가 있어? 대충 이대로 살다 죽을 테야.'라며 저항한다. 말 그대로 더 격하게 아무것도 하고 싶지 않은 것이다. 남부러울 것 없는 편안한 삶이지만, 의미를 못 찾고 의욕을 잃어버린 삶은 분명 처방이 필요하다.

변해야겠다는 동기는 누구나 가지고 있다. 변화의 의지를 끌어올리기 위해서는 약간의 스트레스를 줄 만한 행위가 필요한데, 가장 좋은 방법은 나에게 익숙한 환경을 바꾸어 보는 것이다. 집안 인테리어를 바꿀 수도 있고, 매일 해 먹던 반찬도 바꾸어 보고, 매일 가던 마트도 바꿔 가는 것이다. 안 해봤던 것을 하거나 안 가본 곳에 가서 낯선 사람들을 만나는 것은 새로운 동시에 일종의 스트레스가 된다. 익숙했던 방식을 버리고 다르게 해보는 행위는 효율성을 떨어트리고 피로도를 높이기 때문이다. 하지만 의도된 활동으로 오는 스트레스는 의외로 삶에 활력을 가져다줄 뿐만아니라 약간의 긴장으로 인한 집중력을 높이는 효과가 있다.

누구나 가끔은 아무런 자극이 없는 평화로운 삶을 꿈꾸기도 한다. 노후에는 차라리 절이나 산에 들어가서 아무것에도 시달리지 않고 혼자 조용하게 살고 싶다는 사람들이 많다. 혹은 〈나는 자연인이다〉라는 방송프로그램을 보면서 도심에서 벗어나 나 홀로 자급자족하며 사는 삶을 은근히 동경하는 사람도 있다. 이는 과도한 스트레스로부터 해방되어 자유롭게 살고 싶은 욕구에서 비롯된 것이겠지만, 피한다고 스트레스로부터 완전히 자유로워질 수 있을까? 정말 행복할 수 있을까? 부대끼는 것이 없어 심신이 아무리 편해도 인간은 늘 다른 불편함을 찾아낸다. 편안한 상태로 침대에 누웠지만, 오히려 신경이 예민해져 어떤 자세를 해도 만족스럽지 않은 상태가 되는 것처럼 말이다. 당신이 안전과 편안함을 위해 스트레스가 될 만한 자극들을 회피하고 있다면, 유대교 랍비이자 정신과 의사인 아브라함 트워스키 박사의 이야기를 주목해라.

꽃

"바닷가재는 연하고 흐물흐물한 동물인데, 아주 딱딱한 껍질 안에서 산다고 하죠. 그런데 그 딱딱한 껍질은 절대로 늘어나지 않는다고 해요. 그렇다면 바닷가재는 어떻게 자라는 것일까요? 바닷가재가 자랄수록 껍데기는 그들을 점점 더 조여가죠. 압박을 받고 아주 불편한 상황에 놓이게 됩니다. 그러면 그들은 포식자로부터 안전한 바위 밑으로 들어갑니다. 그리고 자신의 껍질을 버리고, 새로운 껍질을 만듭니다. 그런데 결국은 또다시 자라 새 껍데기도 불편해지게 되죠. 그러면 다시 바위 밑으로 들어가 이 과정을 셀 수 없이 반복할 겁니다. 바닷가재가 자랄 수 있도록 자극을 주는 것은 불편함을 느끼게 하지요. 그런데 만약 바닷가재에게 의사가 있었다면 그들은 절대로 자랄 수 없을 겁니다. 왜냐하면 불편함을 느끼기 시작하자마자 의사에게 달려가서 신경안정제를 처방받아 먹고 다시 기분이 좋아질 테니까요. 절대로 자신의 껍데기를 버리지 않을 것입니다. 우리가 깨달아야 할 것은 당신에게 스트레스가 일어났다는 것은 당신이 성장할 때를 의미한다는 것입니다. 당신이 이 역경을 제대로 이용한다면 우리는 그것을 통해 성장할 수 있습니다. 스트레스를 이용하세요."

우리를 고통스럽게 만드는 일상의 스트레스들, 즉 적절한 자극은 오히려 우리를 도전하게 하고 성장시킨다. 스트레스를 피하는 것은 성장을 멈추겠다는 말과 같다. 약간의 결핍과 불편함이 우리에게 '개선'의 여지를 만들어낸다.

반복되는 푸석한 일상에 너무 길들여진 나머지 특별히 좋을 것도 특별히 싫을 것도 없는 맹맹한 삶을 살아간다고 느끼고 있다면, 오감을 개발하는 것도 한 가지 방법이다. 아이러니하게도 수많은 자극의 홍수 속에 살고 있는 우리의 감각은 오히려 둔감해져 있다. 그것이 스트레스로부터 자신을 보호하기 위한 방어 수단일 수도 있지만 마흔부터는 스스로 방어하지 않아도 자극에 대한 반응이 절로 둔감해진다. 생물학적으로 덜 예민해지는 감각을 애써 더 둔하게, 심지어 스스로가 발 벗고 나서서 그렇게 만들어버릴 필요는 없는 일이다.

김영하 작가는 글쓰기 수업을 할 때 자신의 경험을 남 얘기하듯이, 사건을 나열하는 식으로 기술하지 말고 오감을 활용하여 쓸 것을 강조했다. 예를 들어 행복했던 순간을 떠올릴 때 '그땐 그랬지.' 식으로 바라보듯 말하지 말고, 그 순간을 마치 온몸으로 경험하고 있는 것처럼 무엇을 듣고, 보고, 맡고, 맛보고, 감촉은 어땠는지까지 자세하게 상상해 보라는 것이다. 일상을 살아갈 때도 마찬가지다. 어떠한 자극을 만나는 순간, 가볍게 지나치지 말고 다섯 가지 감각을 다 떠올려서 느껴보려고 하면, 우리는 어제와 같다고 생각하는 자극이라도 더 풍부하고 깊이 경험할 수 있다.

꽃잎이 떨어졌다고 인생이 끝난 것은 아니다. 봄이 오면 죽은 줄로 알았던 나무에도 파릇한 새싹이 돋고 다시 꽃이 피듯이 마흔에게도 새로운 자극과 경험들을 통해 더 찬란한 인생을 만들어낼 기회가 있다. 그동안 당신이 살아온 삶의 저력을 믿어라.

일상을 최고의 순간으로 바꿔라

"행복이라는 감정이 유전적인 영향을 받는 것을 부인할 수는 없다. 하지만 후천적인 노력으로도 얼마든지 계발이 가능하다. 행복을 계발할 수 있는 수많은 방법 중 하나가 바로 감사하는 것이다. 감사하는 마음을 가지면 행복해진다."

저명한 긍정심리학자 마틴 셀리그만Martin Seligman 교수가 실제 수행한 연구에서 그 효과를 검증하였다. 연구진들은 침대에서 일어나기 힘겨워하는 사람들에게 웹사이트에 들어가서 간단한 과제를 수행하도록 지시를 했다. 그것은 바로 매일 그날 있었던 좋은 일, 감사한 일을 세 가지씩 기억해서 적는 것이었다. 2주 동안 감사 일기를 쓰도록 한 결과, 참가자들의 우울증 증세가 급격히 감소되었고, 행복감은 크게 증가한 것으로 나타났다. 비단 이 실험 결과뿐만이 아니다. 우리 주변에서도 감사 일기의 효과를 지지하는 수많은 사람의 경험담과 사례를 찾아볼 수 있다.

그럼에도 불구하고, '감사 일기? 감사할 일이 뭐가 있다고? 꾸역꾸역 찾는다고 해서 삶이 달라질까?'라는 생각이 들 수도 있다. 하지만 일단 해 본 경험이 있는 사람들은 감사할 일이 생긴다와 상관없이 감사하는 마음이 생기는 것이 중요하다는 것을 알고 있다. 날마다 감사하는 마음은 긍정적인 감정으로 그 파생 효과가 굉장히 크다. 때문에 실제 효과를 봤다는 사람들은 마음이 편안해지고, 여유로워지고 행복하다는 생각도 들고 힘이 생기기도 한다. 그래서 우울한 사람들에게 흔히들 권하는 처방이기도 하다. 그러나 이는 단지 우울한 사람들뿐만 아니라 지친 일상을 살아가는 우리 모두에게 필요한 처방이다.

❧

우리가 가장 힘들 때는 언제일까? 아무리 해도 안 되고 끝이 없다는 생각 때문에 인생 전반에 걸쳐 좌절과 무기력감이 덮칠 때 아닐까? 미래에 대한 희망을 상실했을 때 하루하루 견딜 용기도 힘도 함께 사라진다. 그래서 우리는 희망을 잃지 않게 무장할 수 있는 우리만의 장치가 필요하다. 감사 일기는 그런 의미에서 우리의 마음을 단단하게 해주고 상실의 위험으로부터 보호해주는 좋은 장치가 된다. 마치 미래에 닥칠 위기를 대비해서 드는 보험과도 같다. 영국에는 이런 속담도 있다. "감사는 과거에게 주어지는 덕행이 아니라 미래를 살찌게 하는 덕행이다."

국내 집단상담의 대가로 불리는 유동수 선생께서는 행복을 원하는 수많은 사람을 향해 종종 이런 메시지를 전하셨다. "과거는 용서하고, 현재는 사랑하고, 미래는 희망하라."라는 단순명쾌한 이 전언은 내가 할 수 있는 최선은 이것뿐이라는 생각 때문에 더 이상 있지도 않은 정답을 찾아 헤매 다니지 않도록 잡아주었다. 과거를 끊임없이 생각하고, 반성하고, 분석하고, 후회하는 일을 멈춰라. 또 아직 일어나지도 않은 예측 불가능한 미래에 대한 걱정으로 시간과 에너지를 소모하지 마라. 매 순간에 집중하고 감사하는 마음을 유지하는 것이 현재를 사랑하는 것이고 행복한 삶을 살수 있는 비결이다.

긍정적 정서의 확장-구축 이론을 제시한 긍정심리학자 프레드릭슨Barbara Lee Fredrickson의 이야기도 솔깃하다. 이 이론에 따르면, 우리가 흔히 긍정적인 정서라고 말하는 편안함, 즐거움, 만족감, 기쁨, 사랑과 같은 감정들은 우리가 어떤 특정 상황에 처했을 때 보다 창의적이고 유연한 생각을 하도록 한다. 또한 습관적이고 고정된 행동 패턴에서 벗어나 새롭고 다양한 시도를 할 가능성을 높인다. 이러한 생각과 행동들이 주변 사람에게도 긍정적인 에너지를 주고, 즐거움을 공유하는 경험을 통해 대인관계 역시 좋아지며, 궁극적으로는 사회적 지지체계 및 자원들이 확장됨으로써 행복하고 풍요로운 삶을 살게 된다는 것이다. 더 구체적으로 살펴보면, 심리학자들은 긍정적인 정서의 경험비율이 부정적 정서의 경험과 비교해서 '2.9배' 이상이 될 때 생활이 선순환하면서 삶에 대한 만족감이 증가한다는 사실을 보여주었다.

우리 스스로 긍정적인 정서를 유도하고 유지하기 위한 각자의 의도된 노력이 필요하다. 매일 감사 일기를 쓰는 것은 돈과 시간의 큰 품이 들지 않으며 누구나 얼마든지 할 수 있는 의도된 활동이다. 감사하기 위해서는 감사할 일이 있어야 하고, 행복하기 위해 행복한 일이 필요하다는 논리는 의미 없다. 외로움이나 불안, 두려움, 슬픔, 분노와 짜증과 같은 부정적인 정서에 초점을 맞추어 '내가 왜 이럴까.' 궁리하며 이를 없애려고 노력하기보다는 오히려 감사할 부분에 마음을 기울이자.

❦

20여 년 전 내가 첫 상담에 입문했을 무렵, 나는 어지러운 마음을 다잡고자 동사섭이라는 법회를 찾아갔다. 동사섭을 이끌고 계신 용타 스님은 오래전부터 '맑은 물 붓기' 수행을 가르치고 실천하신 분이다. '맑은 물 붓기'란 물속에 떨어진 검은 잉크를 제거할 수 있는 방법은 없지만 맑은 물을 계속 부어주면 잉크가 희석되면서 종국에 물이 맑아진다는 원리를 마음에 적용한 것이다. 다시 말해, 긍정적인 정서를 유지하여 행복해질 수 있는 비결을 실천하도록 돕고자 하는 것이다. 맑은 물 붓기는 감사하는 마음을 의도적으로 일으키고 실천하는 것이라고 할 수 있다. 동사섭에서는 이를 위한 실천방법으로 '구나겠지감사'를 제안하고 있다.

'구나겠지감사'라는 용어가 생소하게 들리겠지만, 실은 아주 간단하다. '―구나. ―겠지, 그래도 ―하니 감사하다.'라는 문장을 축약해서 '구나겠지감사'라고 부른다. 어떤 특정 상황에 부딪혔을 때나 누구의 말이나 행동을 듣고 보았을 때, 이를 구체화 하여 감사하는 마음을 불러일으키자는 것인데 예를 하나 들어보자. 학교에서 돌아온 아이가 집에 들어서자마자 학교에 가기 싫다면서 울고 있다고 가정해보자. 이를 본 엄마는 당연히 걱정도 되고 불안하기도 할 것이다. 이때 내 자신을 향해 이렇게 말해볼 수 있다. '아이가 학교에 가기 싫다면서 울고 있구나. 그 이유를 정확히 알 수는 없지만 나름의 이유가 있겠지. 그래도 집에서라도 맘껏 울며 표현할 수 있어 다행이고 감사하다.' 아무리 못마땅한 상황이라도, 구나겠지감사를 실천하면, 같은 상황을 다른 시각으로 생각해보고 받아들일 수 있는 여유가 생긴다.

누구를 위한 것도 아니고, 스스로를 위한 것이다. 감사해야 할 이유를 꼭 외부에서 찾을 필요는 없다. 눈을 감고 심호흡을 한 뒤, 지금 살아 숨 쉬고 있는 나라는 존재에게 마음의 눈을 모아보자. 그리고 '비록 마음에 들지 않는 부분도 많고 상황이 뜻대로 돌아가지 않아서 속상하고 실망스러운 순간도 많지만, 그럼에도 불구하고 지금 이 순간 이대로의 내가 참 좋다. 아무 이유 없이도 충분하다. 존재하고 있는 것만으로도 그냥 감사하다.'라고 속삭여보자.

나의 안부를 물어라

자신의 안부를 물은 적이 있는가? "요즘 어떻게 지내니? 진짜 괜찮은 거니? 그래서 지금 행복하니?" 소중한 누군가에게 안부를 묻듯이 말이다. 안부를 묻는다는 것은 쉽게 답할 수 있는 가벼운 인사치레와 다르다. 안부를 묻는다는 것은, 하던 동작을 잠깐 멈추고 내 안의 깊은 곳으로 들어와서 지금 내가 어떤 경험을 어떻게 하고 있는지 건드려보는 작업이다. 바로 내 영혼과의 솔직한 대화가 시작되는 순간인 것이다. 우리는 어릴 때부터 수많은 질문과 답을 구하고 풀어왔다. 솔직히 질문을 던지기보다는 주어진 질문에 대한 답을 찾는 일에 더 익숙해져 있겠지만 말이다. 더구나 스스로에게 질문을 던지고 답을 하는 경우는 거의 없을 것이다.

마흔이 된 우리는 특히 자신과의 대화에 익숙해질 필요가 있다. 누군가와 대화를 할 때 말하는 자와 듣는 자, 질문하는 자와 대답하는 자가 있듯이, 자신과의 대화에서도 두 가지 역할이 필요하다. 정답을 찾기 위한 질문과 대답이 아니라, 탐색하고 발견하기 위한 대화이다. 자신에 대해 가장 잘 알고 있는 사람이 바로 나임에도 불구하고, 의외로 나를 속속들이 알고 있는 사람이 별로 없다. 남들에게 어떻게 보일까에 관심이 더 많고, 이를 더 궁금해 한다. 이제 자신에게 눈을 돌려, 그동안 외면해 왔던 스스로의 안부부터 물어보는 것을 시작으로 점점 자신과의 대화 시간을 늘릴 필요가 있다.

❧

나이가 들어서도 호기심을 가지고 사는 것이 젊게 사는 비결이다. 나를 둘러싼 주변 세상과 사람들에게 호기심을 가지듯이, 자신에 대해서도 깊은 애정을 가지고 호기심 어린 눈으로 질문하고 탐구하기를 바란다. 친구들과의 일상적인 수다에서도 '누구누구는'으로 시작되는 대화보다는 '나'로 시작하는 것이다. 우리는 자리에도 없는 유명인이나 연예인들, 혹은 주변인들의 뜬소문에 대해서는 엄청나게 예리한 눈으로 분석하고 파고든다. 늘 이야기의 소재가 '타인'이 되는 것이다. 흥미는 있을지 몰라도 내 삶과 무관한 경우가 대부분이다.

'나'라는 사람에 대해 알아보고 검증되지 않은 새로운 가설들을 하나 둘 실험해 보는 것이다. 그러면 몰랐던 자신에 대해서도 알게 되고, 잘못 알고 있었던 부분을 깰 수도 있다. 적어도 나에 대한 전문가가 되겠다는 마음으로 말이다.

질문은 보다 나은 삶을 안내해주는 길잡이가 되어 줄 수 있다. 매일 자신에게 던지는 질문은 한 걸음 더 나아갈 수 있는 목적 있는 삶, 의미 있는 삶을 살 수 있도록 방향을 제시해 줄 것이다. "중요한 것은 질문을 멈추지 않는 것이다. 호기심은 그 자체만으로 존재할 이유가 있다. 누구라도 영원성, 생명, 놀라운 세상의 신비를 생각하면 경외심에 사로잡힐 수밖에 없을 것이다. 그러한 신비를 매일 조금씩 이해하려고 노력하는 것만으로도 충분하다. 그러니 신성한 호기심을 잃지 말라."고 말한 알버트 아이슈타인Albert Einstein 역시 질문의 중요성을 강조하였다.

오늘이 마지막 날이라면 무엇을 할 것인가?, 나는 지금 원하는 곳에 와 있는가?, 나는 지금 어디쯤에 있는가?, 무엇을 하고 싶은가?, 어제와 다른 선택을 한다면, 오늘은 어떤 선택을 할 수 있을까?, 지금 당장 할 수 있는 것은 무엇인가?, 지금 무엇을 하고 있는가?, 지금 내 마음은 어디에 가 있는가?, 나는 오늘 무엇을 바꿀 것인가?, 누구를 만날 것인가?, 오늘의 이 선택이 미래의 삶에 어떤 의미가 있을까? 매일 좀 더 많은 질문을 하면 매일 좀 더 많은 걸 얻을 수 있다.

◡

'주부를 위한 심리학 카페'는 말 그대로 상담실의 문턱을 낮추어 자기 성장의 욕구를 지닌 마흔을 대상으로 다양한 주제를 가지고 편안하게 대화할 수 있는 공간을 제공하기 위해 마련된 상담 프로그램이다. 언젠가 마흔 여성들의 꿈과 도전을 주제로 한 그림책을 선정하여, 함께 읽고 난 뒤에 자신에게 물을 수 있는 몇 가지 질문을 던져 보고 이야기 나누는 시간을 가졌다. 하린 씨는 차분하고 소녀 같은 인상에 참가하는 내내 평온한 미소를 잃지 않았다. 그녀는 처음 나눔의 시간에서 이렇게 이야기했다. "저는 욕심도 없고 현재에 만족해요. 어릴 때부터 갈등을 싫어했기 때문에 평화 유지를 위해 늘 희생해왔어요. 결혼 후에도 남편과 아이들의 갈등이 일어나지 않도록 적정선을 유지하려고 애썼고, 그 덕분에 집안이 평온하고 남편과 아이들이 편안하게 쉬는 모습을 보면 만족스럽고 행복해요. 그런데 둘째 아들이 최근에 중학생이 되면서 나와 꼭 닮은 모습을 보여서 너무 답답하고 안타까웠어요. 좀 더 욕심을 내서 도전하면 좋겠는데, 욕심도 없고 느긋하단 말이에요. 그 아이를 보면서 나를 바꿔야겠다는 생각이 들었어요. 예전에는 멈추고 천천히 걷는 나였다면, 이제 좀 달리는 내가 되고 싶어요.”

마지막 모임의 책을 함께 읽고 이야기 나누는 시간을 가졌을 때, 달리고 싶다던 하린 씨가 자신의 변화를 이야기했다. 그녀는 “그동안 멈춰 있다고만 여겼는데, 오늘 나온 질문에 대한 답을 쓰고 이야기하면서 전 이미 달리는 일이었다는 것을 발견했어요.”라고 기뻐했다. 늘 하던 것이라서 당연하게 여겼던 일이 사실은 내 꿈을 향해 조금씩 달리는 일이었음을 깨달았던 것이다. 자신의 모습을 새로운 시각으로 바라보게 되면서 좀 더 나를 드러낼 수 있는 용기가 생겼고, 더 큰 꿈을 향해 과감하게 도전하겠노라 다짐하였다고 한다. 나에게 집중하여 묻고 답하는 식의 대화를 통해서는 언제나 새로운 시각을 얻을 수 있고, 깊은 통찰을 경험하는 경우도 잦다.

무엇을 질문하고 답해야 할지 모르겠다면, 나의 안부를 묻는 일부터 시작하는 것이 좋다. 가장 친하고 사랑하는 친구에게 하듯이 말이다. “요즘 어떻게 지내? 오늘 하루 어땠니? 행복하니? 괜찮니?” 그리고 “잘 지내. 그냥 그래. 어, 괜찮아.”라고 건성으로 대답한다면 질문도 무용하게 된다. 꼭 괜찮고 행복해야만 된다는 생각도 내려놓을 필요가 있다. 자신에게 좀 더 솔직해져라. 감추고 싶은 이야기가 있는지 살펴보고, 있다면 꺼내보는 것이다. 꺼내놓고 인정하다 보면 그런대로 괜찮다는 생각이 들 수도 있다. 좌충우돌, 잘 되는 거 없이 늘 그 자리에 있는 것 같아도, 애쓰고 있는 자신을 보며 꼭 안아주면 그만이다. 오늘도 수고한 나를 향해 따뜻한 미소를 건네주어라.

시간이 있을 때 장미를 따라

장미꽃 봉오리를 따려면 지금

시간의 흐름은 이토록 빠르니

오늘 붉게 피어 아름다움을

자랑하는 이 장미도

내일에는 시들어지리니

〈죽은 시인의 사회〉라는 영화에서 키팅 선생님로빈 윌리암스, Robin McLaurin Williams이 어느 학생에게 읊으라고 했던 시의 대목이다. 학창시절에 이 영화를 봤을 때와 지금은 사뭇 다른 느낌이 든다. 나에게 세월의 흐름을 탓하면서 '뭔가 새로 시작하기엔 너무 늦었어.', '내 나이에 무슨', '인생이 뭐 별거 있어? 그냥 사는 거지.', '내가 뭐 특별하다고. 남들도 다 그렇게 살아.'라고 냉소 섞인 핑계를 대고 있지는 않은지 자문하게 만든다. 마치 좋은 시절은 다 갔으니, 그저 죽음을 향해 가는 시간 속에 나를 맡긴 채 떠밀리듯 수동적인 존재로 살고 있는 것은 아닌가 하고 현재의 삶을 생각해볼 수 있다.

나도 어느새 마흔을 넘어섰다. 젊다고 말하기에도 어렵고 늙었다고 보기에도 애매한 마흔. 40대 초반만 해도 내 나이를 그다지 실감하지 못했는데, 40대 중반을 지나고 있음을 깨닫자 이제는 정말 마흔이라는 생각이 들어 복잡한 감정에 휩싸이게 된 것이다. 아직도 인생을 모르겠고, 마냥 철부지 같은 내가 삶에 책임을 질 줄 아는 어른이 되어야 한다는 생각에 초조하다. 또 그렇다고 해서 되돌아갈 수도 없고 더 이상 물러설 데도 없다는 생각에 막막하기도 하다. 이미 현실에 깊이 뿌리를 내린 지 오래되어 안정된 삶의 토양을 버리고 일어설 만큼의 용기도 절실함도 없다. 하지만 '이게 내가 원하는 삶인가? 지금 내가 여기서 무얼 하는 거지?'라는 소리가 내 안에서 끊임없이 들려온다.

～

50대 초반의 여성이 있었다. 그녀는 지금까지 가족을 위해 지독하리만큼 최선을 다하며 살아왔다. 최선을 다해 살아온 인생이라고 자부했던 그녀에게 충격적인 사건이 찾아왔다. 별안간 딸이 돌변하여, 자살을 기도하고 잘 다니던 대학을 중도 포기한 이후 집 안에만 틀어박혀 사회생활을 전혀 하지 않으려고 한다는 것이었다. 그리고 엄마인 자신에게 분풀이하듯 분노와 원망을 쏟아 붓는다고 했다. 처음에 그녀는 딸이 갑자기 왜 돌변하였는지, 왜 엄마에게 분노하는지 그 이유를 알 수 없어 답답하고 억울하다며 자신도 미쳐버릴 것 같다고 호소하였다.

그저 하나밖에 없는 딸이 자신처럼 고생하지 않고 풍요롭게 살길 바라는 마음에 쉬지 않고 열심히 일하고 경제적인 지원을 아끼지 않았던 자신을 배신했다는 생각만 들어 너무 억울했던 것이다. 그녀는 지독하게 가난했던 어린 시절의 영향으로 풍요와 안전감을 가장 중요시 했고, 이를 위해 자신의 욕구를 실현하기보다는 필요와 사정에 따라 스스로를 현실에 적응시키며 살아왔다. 그 덕분에 남들 부럽지 않은 부를 누리게 되기도 했다. 하지만 딸의 돌변은 자신이 걸어온 인생을 송두리째 부정하는 일이었고, 이로 인한 충격으로 극심한 우울과 혼란을 경험했다.

2년에 걸쳐 서로를 알아가는 지속적인 상담 프로그램을 진행했고, 엄마와 딸은 그동안 표현하지 못했던 서로의 마음을 드러냈다. 각자의 가치관을 이야기로 풀어내어, 서로가 덤덤히 들어줄 수 있게 되면서 모녀의 관계는 적당한 거리를 두고 서로를 믿고, 이해하고, 지켜봐 주는 관계로 발전할 수 있었다. 딸은 더 이상 엄마를 기쁘게 하기 위한 존재가 아니고, 엄마는 딸의 성공을 위해 자신의 삶을 무조건 희생하는 존재가 아니라 각자의 삶을 각자가 최선을 다해 사는 것이 모두를 위한 일임을 깨달은 것이다. 엄마로부터 자립하려는 딸의 절규가 결국 두 모녀의 삶을 뒤바꾸어 놓았다.

상담 이후 자신의 삶을 송두리째 흔들어 놓은 딸에 대한 원망과 분노로 가득했던 50대 여성은 딸 덕분에 자신의 인생을 다시 돌아보는 전환점을 맞았다고 고백했다. 그녀의 딸은 자신이 원하던 대학원에 진학하여 공부를 다시 시작했고, 얼마 전에 우수한 성적으로 졸업했다면서 함께 찍은 졸업사진을 보내왔다.

☙

40대는 여전히 건강한 정신이 육체를 움직일 수 있는 나이다. 100세 시대를 살아갈 우리에게는 마흔이야말로 진짜 자신의 삶을 시작하기에 적당한 나이다.

수아 씨는 한번도 그림을 배워본 적이 없다. 그림에 소질이 있다는 소리도 들어본 적도 없다. 나이 마흔을 넘기고, 아이들도 자라서 비어버린 일상의 구석에, 특별히 재미를 붙이고자 취미로 그림을 배우기 시작했다. 그녀의 동기는 단순했다. 3년 후 친구들과 여행을 계획하던 중 여행지를 다니며 스케치를 하면 좋을 것 같다는 막연한 소망이었다. 잘 그리는 것을 목표로 한 게 아니었다. 그러나 3년 후의 모습을 상상할 때마다, 그림을 그리는 시간이 즐겁고 행복하여 어쩔 줄 몰랐다. 6개월이 지난 지금은 풍경화를 그리곤 한다. 안타깝게도 3년 후의 여행계획은 취소되었지만, 그녀의 그림그리기는 계속 되고 있다.

마흔에 가장 큰 장점은 무언가를 시작하기 위한 대의명분이 필요치 않다는 것이다. 당장 한 달 뒤, 몇 년 뒤의 작은 계획이 곧 목적이 될 수 있다는 것은 젊을 때는 누리지 못한 이점이다. 삶을 송두리째 뒤바꿀 거대한 명분을 기다리고 있는 것이 아니라면 내 안에 정신없이 널브러져 있는 것들을 한 데 모아볼 시간이 필요하다. 차분히 숨을 고르고 가자는 것이다. 예전의 방식대로가 아니라 다시 점검하고, 다시 세팅하고, 다시 힘을 모아서 가라.

시간이 있을 때 장미를 따라. 지금 딸 수 있는 장미가 무엇일지 생각하라. 지금 아니면 시들어 버릴 장미, 내가 보지 못한 내 안의 장미를 따라.

온전한 '나'로 서라

지금까지 앞만 보고, 그 누구 못지않게 열심히 살아온 우리, 그러던 어느 날 중년의 문턱에 서 있는 자신을 발견하고 왠지 모를 서글픔과 허탈감에 가슴이 아릴 때가 있다. 내 자신이 누구인지 어디로 가고 있는지 자꾸 돌아보게 되는 순간이 바로 그동안 잊고 살았던 내 자신을 만나고, 새롭게 이해해 볼 수 있는 기회로 삼는 시기다. 한번 내 뒤를 돌아보고, 정말 열심히 살아왔노라고 인정해주어라. 그리고는 과감하게 돌아서자. 지금 서 있는 자리에서 다시 시작해보자.

꿈

자신이 원하고 바라는 꿈을 이루어가는 과정은 진정한 나 자신과의 만남이고, 새로운 나의 발견이고, 더 큰 나로 확대되어 가는 것이라고 생각한다. 이것이 자기 성장이고 자기 실현이다. 이루어 내느냐 아니냐에 관심이 있는 것이 아니라 이루어가는 과정에 있는 것이 핵심이다. 성공과 실패가 없다. 나는 지금도 그 과정에 있고, 앞으로도 내 삶의 흐름은 그 방향으로 갈 것이다. 하지만 여기서 주의해야 할 것이 있다. 무조건 '꿈'을 가져야 한다고 강박적으로 받아들이지 않는 것이다. 내가 지금 춤을 춘다고 해서 댄서가 되어야 한다거나 그림을 그린다고 해서 화가의 자격을 갖추어야 하는 것은 아니다. 여기서 말하는 꿈은 나를 가장 잘 표현하고 나의 가치를 드러낼 수 있는 하나의 방식이자 수단이다. 내가 간절히 바라는 무언가는 그것이 내 삶에 중요한 가치라는 것의 방증이고, 그것을 이루며 산다는 것은 나를 실현하며 사는 삶이라는 것과 상통한다. 꼭 무언가를 성취해야 하고 무엇이 되어야만 하는 일일 필요는 없기 때문이다.

꿈을 이루며 산다는 것은 나를 누르고 있던 무거운 등껍질이나 돌을 내려놓고, 고개 들어 햇빛을 바라보는 것이다. 마치 구름에 가려져 있던 맑은 하늘이 드러나는 순간과 같다. 저마다 자신만의 고유한 빛을 가지고 있다. 빛을 가리는 그 무엇을 발견하여 거둬내고 나의 빛깔이 잘 드러날 수 있도록 정성껏 닦아주고 살펴주는 것이 진정한 자신이 되는 길이다.

상담가로 성장하기 위해서는 상담 관련 전공지식을 습득하는 것뿐만 아니라, 개인 상담과 집단 상담을 받아보는 경험을 필수로 요한다. 상담가의 길에 접어든지 얼마 안 된 풋내기 상담사였을 때 참여한 감수성훈련집단을 지도하셨던 선생님께서 집단 안에서의 나를 유심히 보시더니 "자넨 언제까지 소망만 할 것인가?"라는 말씀을 하셨다. 그 한마디에, 난 갑자기 뒤통수를 맞은 것처럼 눈물이 왈칵 터져 나왔고, 얼마 동안 아이처럼 목 놓아 울었다. 속이 뻥 뚫린 듯 시원해지는 경험을 했다. 나는 내가 '하고 싶다.'라는 말을 습관적으로 한다는 것을 그때야 알아차렸다. 동시에 언제나 거기까지일 뿐, 그것을 위해 적극적으로 뭔가 시도해보려고 하거나 용기를 내서 부딪쳐보려는 게 없었다는 것도 깨달았다. 소망하는 것으로 끝내지 말고, 이를 드러내고 이루어가려는 과정이 더 중요한 것임을 뼈저리게 알았다. 나는 애초에 소망이라는 것은 이룰 수 없는 것이라고 단념하고 살아왔던 것이다.

그렇다고 해서 꿈이나 행복이라는 열매를 따 먹기 위해, 모든 걸 걸고 매달리듯이 처절하게 할 필요는 없다. 누구나 행복한 삶을 꿈꾼다. 하지만 행복은 쟁취해야 할 것이 아니라, 순간순간 경험하는 것이다. 모두가 행복한 삶에 관심을 가진다. 많은 학자들이 행복에 관해서 연구하기 시작했지만 아이러니하게도 행복을

갈구하고 중요한 가치로 여기면 여길수록 더 불행하다고 지각한
다는 연구 결과가 있다. 행복하지 않다고 느끼는 사람들일수록 행
복을 원하고 제일의 가치로 꼽는다는 것이다.

ઝ

　지금 우리가 사는 사회는 행복 강박증 뿐만 아니라 성공 강박증
에 시달리고 있다. 무엇을 위한 것인지 그 목적과 방향을 잃은 채
맹목적으로 행복해야 한다, 성공해야 한다, 꿈을 찾아야 한다, 꿈
을 이루어야 한다, 자존감을 높여야 한다 등을 강요받으며 늘 불
안에 쫓기는 삶을 산다. 꿈은 자신을 발견하기 위한 수단이고, 지
금 이 순간의 행복을 경험할 수 있도록 방향을 잡아주는 것이지,
이 자체가 목적이 될 필요는 없다. 꿈을 위해 지금을 포기하거나
희생하라는 것은 아니다. 꿈을 이루기 위해 가족도 버리고 친구를
버리라는 말도 아니다. 스스로 원하는 꿈이라고 정해놨지만, 오히
려 꿈이라는 것에 발목을 잡혀서 하루하루 자신을 고문하듯이 살
고 있다면 잘못된 것이다. 꿈은 지금을 더 충실하고, 더 풍요롭고
행복하게 살기 위한 것임을 명심하여야 한다.

　마흔을 넘기면서 예전에 경험하지 못했던 질병이 하나씩 늘고,
몸이 예전 같지 않다는 사실을 발견했을 때 점점 죽음에 다가가고

있다는 생각 때문에 멈칫하고 두려움이 엄습할 때가 있다. 나이 들어간다는 것은 죽음을 향해 가는 길에 가까워졌다는 걸 의미하는 것이기도 하기에, 이제 어떻게 나이 들어가야 하는지 생각하기 시작했다. 꿈과 목표는 미래를 위한 게 아니다. 당신의 미래와 노후가 걱정되고 두렵기 때문에 꿈과 목표를 가져보자고 하는 것이 아니다. 오히려 지금-현재를 의미 있게 잘 살기 위한 것이다.

긍정심리학에서는 행복한 삶의 방식을 세 가지 제시하고 있는데, 하나는 즐거운 삶이고 다른 하나는 의미 있는 삶, 마지막 하나는 몰입하는 삶이다. 이 세 가지 삶의 방식이 골고루 취해졌을 때 우리는 행복한 삶을 살고 있다고 말할 수 있다. 즐거운 삶도 중요하지만 일시적인 쾌락을 안겨주는 활동으로는 진정한 행복을 경험하는 데에는 한계가 있다. 의미 있는 삶과 몰입하는 삶은 자신을 잘 이해하고 자신이 진정 원하고 바라는 꿈을 찾고, 그것을 위해 살아가는 삶에서 오는 욕구를 충족하는 것이다. 의미 있는 삶과 몰입하는 삶을 위해 당신의 시간과 돈, 노력을 기꺼이 투자하고 싶어진다면, 그 자체만으로 당신은 꿈꾸는 사람이라고 할 수 있다.

나는 누군가의 딸, 아내, 엄마라는 거대한 타이틀 뒤에 숨겨진 마흔의 당신이 궁금하다. 당신 이름의 석 자, 당신만의 고유한 색깔과 이미지, 당신의 소중한 꿈과 열망 말이다. 당신도 궁금하지 않은가? 그 궁금증 하나만으로 우리는 다른 삶을 시작할 수 있다. 여태까지 숨 가쁘게 살아왔는데, 또 다른 이름의 의미 없는 경주를 지양하는 것이다. 어떤 노래 가사처럼 우리가 내뱉는 모든 호흡과 우리를 이루는 모든 언어는 이미 낙원에 있다. 그저 오랫동안 감고 있던 마음의 눈을 현명하게 뜨고 내 이름 대신 붙은 수많은 역할 뒤에 숨어있던 나를 마주 바라보아라.

부록

여자 마흔, 자아 발견 심리 여행

여자 마흔, 나는 누구일까?

나를 찾는다는 건 완전히 새로운 나를 발견하는 게 아니라, 나를 옭아매고 있던 과거의 습성들을 거둬내어 본래의 나를 드러나게 하는 것입니다. 아래의 질문을 읽고 떠오르는 대로 답해 보세요.

① 나는 어떤 사람인가? '나'라고 생각되는 것 50가지를 적어보자.

② 남이 바라본 나는 어떠한가? 타인은 당신을 어떻게 생각하는지, 어떻게
　생각해주었으면 하는지 적어보자.

③ 나는 어떤 아이였는가? 어린 시절의 꿈, 도전, 성취, 실패, 좌절 경험을 적어보자.

④ 현재의 나는 어디쯤 와 있고, 어디로 가고 있는지 적어보자.

⑤ 나를 규정했던 단어는 무엇이고, 오늘부터 다시 정의하고 싶은 나의 단어는 무엇인지 적어보자.

⑥ 나답게 산다는 건 당신에게 어떤 의미인가?

여자 마흔, 오늘을 어떻게 보낼 것인가?

무엇이 나를 즐겁고 행복하게 만들까? 자, 지금 떠오르는 대로 여기에 적어봅니다. 너무 깊게 생각하거나 진지해질 필요는 없습니다. 아래 질문에 가볍게 답하다 보면 내가 좋아하는 활동을 찾을 수 있을 것입니다.

① 하루 중 내가 가장 좋아하는 시간, 혹은 혼자만의 여유시간은 몇 시부터 몇 시까지인지 적어보자.

② 그 시간에 보통 무엇을 하는지, 그 시간이 즐거운지, 만족스러운지 적어
보자.

③ 만일 그렇지 않다면, 달리 하고 싶은 것이 있는가? 특별한 장비나 준비
가 없어도 바로 시작할 수 있는 것을 떠올려보자.

④ 시간이 된다면 꼭 해보겠다고 생각만 하고 있던 활동이 있는가? 어렸을
　 때 좋아했던 활동이나 해보고 싶었던 활동도 좋다.

- 30분의 여유가 있을 때

- 1시간의 여유가 있을 때

- 2시간 이상의 여유가 있을 때

- 하루라는 시간이 주어졌을 때

⑤ 이어서 계속 떠오르는 활동이 있다면 더 적어보자.

⑥ 위에 적은 활동을 아래의 블록에 채워 넣고, 한 눈에 보이도록 해보자.

① 30분	② 30분	③. 30분
⑧ 한나절 혹은 하루 종일	나를 즐겁게 하는 활동	④ 1시간
⑦ 2시간	⑥ 2시간	⑤ 1시간

여자 마흔, 버려야 할 것과 시작해야 할 것

2019년 9월 4일 초판 1쇄 | 2019년 10월 22일 5쇄 발행

지은이 · 정교영
펴낸이 · 박영미 | 경영고문 · 박시형

책임편집 · 김다인 | 디자인 · 임동렬
마케팅 · 양근모, 양봉호, 권금숙, 임지윤, 최의범, 조히라, 유미정
경영지원 · 김현우, 강신우 | 해외기획 · 우정민, 배혜림 | 디지털 콘텐츠 · 김명래

펴낸곳 · 포르체 | 출판신고 · 2006년 9월 25일 제406-2006-000210호
주소 · 서울시 마포구 월드컵북로 396 누리꿈스퀘어 비즈니스타워 18층
전화 · 02-6712-9800 | 팩스 · 02-6712-9810 | 이메일 · togo@smpk.kr

ⓒ 정교영 (저작권자와 맺은 특약에 따라 검인을 생략합니다)
ISBN 978-89-6570-852-0 (03190)

- 이 책의 국립중앙도서관 출판시도서목록은 서지정보유통지원시스템 홈페이지(http://seoji.nl.go.kr)와 국가자료공동목록시스템(http://www.nl.go.kr/kolisnet)에서 이용하실 수 있습니다. (CIP제어번호: CIP2019030751)
- 잘못된 책은 구입하신 서점에서 바꿔드립니다. · 책값은 뒤표지에 있습니다.
- 포르체는 ㈜쌤앤파커스의 임프린트입니다.

여러분의 원고를 소중히 여기는 포르체(porche)는 그동안 볼 수 없었던 새로운 콘셉트의 참신한 원고를 기다리고 있습니다. 망설이지 말고 연락 주세요. 이메일 · togo@smpk.kr